名师工程

幼师提升系列

U0727001

走向理性的学前教育

——幼儿教师怎样做好教科研

李传英 著

西南师范大学 出版社

国家一级出版社 全国百佳图书出版单位

图书在版编目(CIP)数据

走向理性的学前教育：幼儿教师怎样做好教科研／
李传英著. — 重庆：西南师范大学出版社, 2018.8(2020.3重印)
ISBN 978-7-5621-9542-9

Ⅰ.①走… Ⅱ.①李… Ⅲ.①学前教育－教育研究
Ⅳ.①G61

中国版本图书馆 CIP 数据核字(2018)第 170907 号

走向理性的学前教育——幼儿教师怎样做好教科研

ZOUXIANG LIXING DE XUEQIAN JIAOYU——YOU'ER JIAOSHI ZENYANG ZUOHAO JIAOKEYAN

李传英　著

责任编辑：杜珍辉

责任校对：秦　俭

书籍设计：起源

排　　版：重庆大雅数码印刷有限公司·张　祥

出版发行：西南师范大学出版社

　　　　　地址：重庆市北碚区天生路2号

　　　　　邮编：400715

印　　刷：重庆共创印务有限公司

幅面尺寸：170 mm×240 mm

印　　张：11.5

字　　数：176千字

版　　次：2018年12月　第1版

印　　次：2020年3月　第2次

书　　号：ISBN 978-7-5621-9542-9

定　　价：49.80元

前　言

　　当今时代赋予幼儿教师新的角色,这种角色既不是母亲,也不是权威者,而是用专业眼光赋予学习者和学习以价值的人。因而,新时代的幼儿教师要成为幼儿心灵的倾听者、保护者、支持者,幼儿发展与学习的促进者和引导者,专业团队的领导者、合作者与协作者,终身学习者、反思者和研究者,家庭、社区和幼儿园的联络者……这些众多的角色集幼儿教师于一身,这是光荣的,同时也是任重道远的。

　　教师是教育改革成败的关键,只有不断提高教师的专业水平,才能真正提高教育质量,并有效促进学生的学习与发展。幼儿教师是幼儿成长的引导者和支持者,自身专业素养的水平对幼儿园孩子的发展和影响是关键性的。国内外关注"塑造教师新形象",关注幼儿园教师队伍素质。幼儿教师不仅要具备崇高的职业道德、扎实的知识储备,而且还要有全新的教育观念和孜孜以求的教科研精神。在美国,全国教学专业标准委员会制定了一系列美国优秀幼儿教师专业标准,对优秀幼儿教师应达到的专业发展水平提出了明确要求:重视对幼儿的理解、重视对幼儿发展和学习的促进作用的发挥、重视幼儿教师的专业倾向以及专业自主性发展、重视幼儿教师的终身学习。重视教科研是我国学前教育的传统,但学前教育的教科研工作有其特殊性,不仅要关注集体教学,即"教学"研究,关注教师,还要关注保教过程,包括幼儿的学习过程及学习经验获得的有效性和适宜性等问题。可见,幼儿园教师参与教科研已成为时代趋势。

　　教师对于教育的作用无论提到什么高度都不为过,正如成尚荣教授在文章《非连续性发展:名师成长的理论新视野》(2017)中所提到的那样,"谁赢得今天的教师,谁就赢得明天的课程;谁拥有优秀的教师,谁就拥有优质的教育"。的确,教师是课程改革和教育改革决胜"最后一公里"的关键因素,或者本身就是"最后一公里"。教师提高的是自己,受益的是孩子。但是教师专业水平以"唱、跳、画、说、写"为幼师基本功的定义已经不完整了，核心要素应是教师专业知识。教师专业发展是教师作为专业人员，在专业思想、专业知识、专业能力等方面不断完善的过程，在本质上强调的是成长和发展的历程，既包括教师个体专业水平提高的过程，也包括教师群体专业水平提高的过程，更是教师职业的专业地位提升的过程。幼儿教师要成为一个成熟的专业人员，需要通过不断的学习和探究来拓展自己的专业内涵，提高自身的专业水平，这样才能达到专业成熟的境界。但是这个过程既需要自身的努力和悟性，也需要团队的努力扶持和培养，更需要同伴努力互助，教科研工作离不开这三个"努力"。

教科研是教育所向，是时代对专业教师提出的新要求。教科研工作是一个长期的理性活动，更是一种理论融合实践的活动，需要对解决的问题进行持续的关注和探索，寻求解决办法。幼儿教师在说、做、学、写、悟等过程中强化思考、力求改进、善于创新、追求进步和专业提升，因此，它是一种高级的、来源于教育实践而又有所超越和升华的创新能力，是教师的综合能力的体现。教师的价值不在于你教了多少学生，而在于学生从你的身上学到了多少有价值的东西。教科研是教师内强自身素质的有效途径。幼儿教师的教科研能力也日益受到关注并成为学前教育实践体系的重要组成部分。幼儿教育教学水平的提高，是以其教科研能力为后盾的，因为只有进行教科研，教学水平才能真正地走向更高层次，从而提升教育质量。

因此，教师需要在"研究"中培养人，单位需要耕耘"研究"的土壤、创造"研究"的气氛，共同促进每个孩子和每位教师的发展。

在此，特别感谢沙坪坝教师进修学院的欧阳春玲老师、重庆师范大学刘彬婕、江北教师进修学院的李沛老师、万盛区教师进修学校的余琳老师、渝中区蒙正幼儿园陆莹园长、大渡口幼儿园赖天利园长、北碚区朝阳幼儿园李晓玲园长、万盛小学幼儿园詹静园长、涪陵巴乐幼儿园蒋安娜园长等人给本书写作提供的素材和启发，为本书的顺利完成奠定了基础。

目 录

第一章　理性的学前教育与幼儿教师教科研素养间的关系

第二章　当下幼儿教师从事教科研的机遇、问题与困境

第三章　园本教研促进幼儿教师教科研素养提升

第四章 "基层科研"促进幼儿教师教科研素养提升策略

第五章 健全多维保障机制确保幼儿教师教科研素养提升

第一章

理性的学前教育
与幼儿教师教科研
素养间的关系

第一节 理性的学前教育是时代的呼唤

一、学前教育现在怎么了

近几年来,学前教育得到了前所未有的重视,国家顶层设计人员为学前教育的发展规划制定蓝图。越来越多的教育者选择学前教育作为研究方向,破解学前教育的诸多"未解之谜",为学前教育的重要性和科学实践呐喊助威。越来越多的教师喜欢上了"幼儿教育",相信这是一份伟大的事业,甘愿付出自己的智慧和心血,一生相许幼教事业。的确,学前教育的重要性不容置疑。然而,愿景是美好的,但现实却困难重重,问题很多。学前教育还存在很多不尽如人意的地方:幼儿园经常被媒体曝光,或是食品问题,给孩子们吃变质食品;或是安全问题,老师照顾不周导致幼儿出现生命安全危险;或是幼儿教师体罚幼儿;或是幼儿教师与家长发生冲突纠纷⋯⋯这些事情层出不穷,屡屡遭到媒体曝光,这不得不让我们反思:学前教育究竟怎么了,是社会与家长存在偏见还是教育内部出了问题。比如,教育者不够理性,不懂得科学育儿。问题的关键在哪里?

(一)理念的先进与现实的"骨感"

其实,在园长和教师那里,拥有先进的理念并不难。比如科学的幼儿观、教师观、教育观、幼儿园课程观、教学观、幼儿教育质量观等,他们通过各种各样的学习很容易知晓。这些观念随着专家的解读、各类培训的开展和教师自己的领会逐渐清晰、明朗,进而被"悟到"。然而,在实践中,将这些理念转化为行动和习惯,则不是那么容易的。《幼儿园教师专业标准(试行)》明确提出合格幼儿教师应具备的基本理念——师德为先、幼儿为本、能力为重、终身学习,这些具有导向性的理念符合时代发展的需要,也反映了教师专业意识和行动中薄弱和不足的方面。我们不得不反思，从理念走向行动，幼儿教师必须储备哪些知识，获得哪些能力，在幼儿园课程实施和一日教育活动中，幼儿教师该如何真正用新的教育理念去指导自己的教育实践呢。

以幼儿为本、尊重幼儿的独立个性和人格，这些耳熟能详的教育原则，幼儿教师们都能信手拈来，但在实施过程中并没有认真思考过究竟应尊重幼儿的什么，怎样才是尊重幼儿，尊重幼儿与教育幼儿有何关系等。在现实中，更多的幼儿教师经常不经意间就把自己的想法、意志强加给幼儿。希望幼儿怎么做，这是教师的一种习惯性想法，习惯于为幼儿设计好一切，即使让幼儿参与到讨论中，也是通过启发把幼儿对问题的思考引导到教师设计好的标准框架之中。这种习惯性的力量大量存在，像一只"无形之手"在幼儿园里牵着幼儿走。

（二）"玩"与"教"的两难困境

幼儿园课程与中小学课程最大不同之处在于课程与教学的游戏化，通过游戏进行各类整合性的教育，从而促进幼儿身心和谐全面发展，而不仅仅只是教学。20世纪50年代后，我国的幼儿教育开始重视游戏，但对各科教学的过分强调，削弱了游戏的地位。20世纪80年代后，随着基础教育课程改革和学前教育课程改革，"教学"二字在许多场合被取消，笼统称之为"教育活动"。

幼儿园课程中既有游戏也有教学，游戏与教学就会产生关系，所以处理好游戏与教学之间的关系就成了幼儿园课程实施中的重点和难点。[①]过分强调游戏，弱化教师的教学，这种价值取向常常容易导致"游戏神圣化"；而过分强调教学，忽视游戏对幼儿发展的价值，这种价值取向又常常导致"教学小学化"。这就产生了最近几年幼儿园教育教学中的两个极端现象，即：一方面，幼儿教师十分重视游戏，知道游戏对幼儿的成长价值，知道幼儿园应该以游戏为基本活动，寓教于游戏，所以在活动中弱化或取消了教学，教学原来应承担的任务却悄然被游戏代替了；另一方面，为了"让孩子赢在起跑线"，幼儿园从小班开始，每天都是学习汉字、数学、拼音、诗词、英语等，完全忽略了孩子喜欢游戏的天性，孩子学习负担重，甚至损害幼儿的身心健康。这样，幼儿园里出现了"玩"与"教"的两难境地。

---

① 朱家雄.幼儿园课程的一个基本问题：游戏与教学的关系——玩与教的两难（一）[J].幼儿教育,2014（Z1）:4-5.

游戏其实并不难,因为幼儿天生会游戏,但在幼儿园教育中,一涉及游戏,问题就变复杂了,游戏似乎变得很难了,各种障碍也渐渐衍生出来:一是态度障碍,比如工作与游戏对立、游戏是幼儿的工作这两种态度;二是结构障碍,比如预先设计或结构好的课程对幼儿游戏在空间、时间与材料上的限制,又或者教师抱怨缺乏足够的空间和游戏材料,再或者教师和幼儿比例不均衡等;三是功能障碍,幼儿教师待遇低、教师流失现象严重、缺乏合格的幼儿教师造成的幼儿园游戏中存在着诸如不知如何组织与指导游戏、不知道如何观察与记录孩子的游戏、不知道如何参与和介入幼儿游戏、不知道如何将课程与游戏整合等种种问题。因此,幼儿园教育要让"以游戏为基本活动"落地,需要理性处理游戏与幼儿园课程、游戏与幼儿园教学之间的内在关系,也是幼儿园课程改革纵深发展的关键。

教中有玩和玩中有教均不容易。游戏与教学是有本质区别的,两者互不可替代,所以,幼儿园课程并非全然的"要教"或"不要教",幼儿园课程之间的差别只是表现在"教师教学"与"幼儿游戏"在比例上的不同,而这种比例的把握需要教师具有相当的专业水平和智慧。

(三)幼儿当下的幸福与未来的准备

十年树木,百年树人! 幸福是学前教育的起点和终点,也是幼儿在教育过程中的体验和感受。为了尊重幼儿的天性,我们必须践行"以游戏为基本活动",使幼儿有一个自由生长、快乐成长的童年。在满足幼儿当前幸福的前提下,还必须让幼儿在快乐中有深度和广度地学习,养成良好的身心素质和学习品质,为未来奠基。

当今是一个压力倍增的时代,也是一个功利主义盛行的时代,童年在消逝,童年在异化、窄化、模式化和小学化,有的儿童没有童年,儿童失去了应有的纯真和澄明,他们与幸福童年渐行渐远。[①]成人从童年中走过,却往往容易忘却童年。教师能了解儿童,才能解放儿童,幸福的童年亟待教师给予捍卫和保护,但这样的教师一定是一名研究儿童的研究者,因为只有能研究儿童的"做和学",才能给儿童提供适宜的"教"。

---

① 叶平枝,洪浩才.童年消逝与教师使命——"童年与教师研究与实践岭南论坛"会议综述[J].学前教育,2017(2):8-9.

教师是一个自主的学习者,才能尊重儿童的自主学习;教师是一个善于反思和思考的人,才能鼓励儿童的反思和思考。正如陶行知先生在《教师歌》中写的那样:

来!来!来!来到小孩子的队伍里,发现你的小孩。你不能教导小孩,除非是发现了你的小孩。来!来!来!来到小孩子的队伍里,了解你的小孩。你不能教导小孩,除非是了解了你的小孩。来!来!来!来到小孩子的队伍里,解放你的小孩。你不能教导小孩,除非是解放了你的小孩。来!来!来!来到小孩子的队伍里,信仰你的小孩。你不能教导小孩,除非是信仰了你的小孩。来!来!来!来到小孩子的队伍里,变成一个小孩。你不能教导小孩,除非是变成了一个小孩。

这首《教师歌》强调了作为教师最本质的教育原则,同时也道出了幼儿教育的真谛:发现孩子、解放孩子、发展孩子、教育孩子。后来陶行知提出了幼儿教育的方法——"解放儿童",即"解放儿童的头脑,使他们可以想;解放儿童的嘴巴,使他们可以谈;解放儿童的眼睛,使他们能看;解放儿童的双手,使他们可以玩、可以干;解放儿童的时间,使他们的生命不会被稻草塞满;解放儿童的空间,使他们的歌声可以在宇宙中飘荡。"

OECD(世界经济合作与发展组织)的报告《强有力的人生之初》对幼儿保教观——幼儿园教育是关注幼儿"当下生活"还是"未来准备",是视幼儿为"合格的公民"还是视为"将来的劳动者",是要"原生态的生活"还是要"基本的学习能力",进行了批判,因为,这是两种不同的思考方法简单对立了起来,要二选一。相反,应该把两者联系起来——首先非常珍视作为生活在当下的公民的儿童,让儿童能够按照自己的思考、兴趣生活,而又将之视为最好的"未来准备"。一个儿童的早期保教经历就是他的人生经历,也同时是面向未来人生的准备,应保障每个"生活在当下"的儿童过"有意义的生活"。[①]

教师是让儿童能够有幸福童年的捍卫者,应理解童年,尊重童年,呵护童年,放飞童年,捍卫童年,这是幼儿教师的使命。在此过程中,教师追求的职业状态是把握幼儿发展的关键,发展实践智慧,研究幼儿、指导幼儿、影响幼儿,使幼儿健康、幸福而智慧!

---

①大宫勇雄.提高幼儿教育质量[M].李季湄,译.上海:华东师范大学出版社,2009:6-7.

二、科学与理性的学前教育

科学是不断揭示真理的过程,不断验证是否合乎科学道理的过程,是不断更新的过程。科学的内涵在于整理事实,从中发现规律,做出结论。科学的学前教育也是不断揭示学前教育的真谛、不断验证是否合乎幼儿成长规律和教育规律的过程,包括科学的学前教育理论构建、科学的学前教育决策、科学的学前教育内容、科学的学前教育方法、科学的学前教育质量评价等内容。科学化是幼儿教育的必由之路。从陈鹤琴开始,我们就清晰地看到幼儿教育科学化发展的基本理路。在教研工作中,教师结合他们所从事的实际工作,发现问题,如教育内容、形式与方法等方面的问题,并通过研究探索找到解决问题的途径,使幼教工作能依科学规律进行,减少盲目性与主观随意性。

理性,是指人在正常思维状态下时为了获得预期结果,有自信与勇气冷静地面对现状,并快速全面了解现实,分析出多种可行性方案,再判断出最佳方案且对其有效执行的能力,是人类的认识思维活动和社会实践发展出来的主体事物。教育需要理性,学前教育更需要理性。学前教育事业发展要遵循学前教育的规律,学前教育实践过程更要遵循幼儿的身心发展规律、生活特点、学习方式等基本特征,进行可行性和最优化的考虑,这必须在深入研究学前教育问题的基础上,从有效解决问题的角度出发,对学前教育进行理性决策、理性教育、理性沟通、理性评价和理性投入等。因为教育是一种有目的、有计划地培养人的社会活动,从事这一活动的行为主体绝不能被动、不能消极、不能盲目、不能随意。

科学与理性的关系是相互促进的关系。因为人们能理性地看待问题,所以引发了科学的进步,又因为科学的进步,让人们看到了科学的好处,所以导致人们对理性的崇拜。学前教育必须是科学而理性的教育,因为科学,所以对幼儿的教育才能真正"奠基"终生而不是"误人子弟";因为理性,所以幼儿的教育才能真正专业地"脚踏实地"而不是"见异思迁""人云亦云"。

记得2009年笔者在美国密歇根州访学的那年,曾在那里的各类型的幼儿园待过较长的一段时间,在这些幼儿园的参观、观摩、交流、访谈、课堂录像等活动中,笔者深深感受到从园长(校长)到老师和保育员到不同年龄段的幼儿再到家长,都表现出十分理性的日常言行:不多的话语、温馨而有教育意义的环境、适宜的师幼互动、井然有序的区角活动和小组活动、温情的亲子阅读和自然的亲子关系……这些画面无时不在我头脑中出现，我时时也在反思我们自己的幼儿教育又是一个怎样的画面感和景象？不得不承认，差别是巨大的。

学前教育是非常重要的教育阶段，需要很强的专业性，有许多需要研究的空间。学前教育的科学与理性要求幼儿教师队伍非常专业。一个幼儿教师不仅要"教学"好，还需要在科学育儿的道路上不断专业化，需要理性的研究和科学的实践。在不断教科研的过程中提高教育教学质量，同时也提升自身素养。

三、学前教育需理性回归，幼儿教师需教科研成长

学前教育回归科学与理性是教育本身的内涵与使命。学前教育原本是促进幼儿个体生命全方位成长的奠基阶段，但现实的学前教育却要么愈来愈在内容上简化为传授知识，方法上成人化、小学化，目标上趋于功利，要么就是内容和形式是游戏，而无知识、经验、能力的获得，要么就是游戏指导不当或指导不力……这些都不能真正意义上促进幼儿的全面发展和生命的全方位成长。

幼儿的身心特点决定着幼儿教育的保育功能永远不会消失。理性的学前教育就是回归教育本原，让孩子健康成长。科学理性的学前教育应理性把握爱的温度和尺度，培养幼儿的综合能力：健全的人格行为、健壮的身体、健康的生活习惯、良好的学习能力……

幼儿教师从事教科研是一种存在于生活世界之中，为了探寻和理解教育教学生活的意义而从事的研究活动。新常态下的学前教育应为回归本真的教育，即回归教育本质，回归幼儿本身，回归教育常识。教师需要把幼儿当成真正独立的个体，理性"放手"和"对话"，尽量给幼儿创造宽松的自由表达和对话的氛围，去倾听幼儿对事情的不同看法，同他们一起去探索，并善于捕捉幼儿思想的火花和对话的闪光点。

症结在哪里？在教师，在教师缺乏专业的支持、理性的思维和行动，而这需要教师的教科研思维与行动来作为教育教学实践的理性行动的基础。我们要尽量避免"教育实践轰轰烈烈，却只在自己经验领域内进行周期更短、强度更大的重复劳动"，而应该参与到教育教学活动中去，并以自己的态度、知识、人格、

意志、情感对教育结果产生最大的影响,因为幼儿教师对概念的认定、自主程度的强弱、对教育科学内化的程度都直接影响教育效果,而这些因素的迅速改变乃至持续改观都离不开教科研。

促进幼儿教师专业发展是一种动态的发展过程,需要通过不断的学习与探究来拓展其专业内涵,提高专业水平,从而达到专业成熟的境界。教科研是连接理论和实践的桥梁,是学习和探究的有机结合,是加速幼儿教师从"经验型"向"研究型"转换的最佳途径,幼儿园教科研工作可以大大提升幼儿教师的专业发展水平。教师开展教科研活动的目的,是提高自己对实践的自觉意识,促进对自己行为的理解,从而提高其教育教学的理性程度,使教育活动更趋于专业化,也更好地促进幼儿发展。教科研活动要求教师以研究者的心态置身于教学情境中,以研究者的眼光审视和分析教学理论和教学实践中的各种问题,提炼与聚集教育教学智慧,从繁重的机械性工作状态中解放出来,促使自己成为学习者、反思者和促进者,成为具有教育实践智慧的教育艺术家和创造者。为了激发幼儿的探究欲望,唤醒其创造潜能,幼儿教师必须创造性地开展工作。

第二节 幼儿教师教科研素养是走向理性学前教育的关键

幼儿教师是幼儿园发展的核心力量,幼儿教师的专业素养是幼儿园教育质量的决定性要素。要想培养一支优秀的、智慧的、专业水平很高的幼儿教师队伍,促进幼儿教师幼儿园共同发展,就必须重视教师专业成长及其教科研素养的提升。

一、幼儿教师从事教科研的必要与优势

(一)幼儿教师要从事教科研的时代意义

随着幼儿教育改革不断深入,知识经济兴起带来大量机遇和挑战,学前教

育不断创新与深入开展,幼儿教师的作用越来越关键。教育教学工作是幼儿园工作的轴心,而教研科研工作是教育教学工作的轴心。近几年来,教科研正越来越受到各级各类幼儿园和广大教师的重视。教科研是幼儿园不断前进和可持续发展的不竭动力,是教师对教育规律的深入探究,能直接提高教师的业务素质,是教师对教育教学现象从感性认识上升到理性认识的必由之路。

《幼儿园工作规程》第四十一条第五点中提到,幼儿教师应该"参加业务学习和保育教育研究活动",也就是说每位教师在完成教学工作的同时,应该自觉地从事教育和教学研究,并以科学研究指导自己的教学实践。幼儿教师主动从事教学和科学研究活动,不仅是培养自己教科研能力的需要,还是提高自身道德水平和专业素质的一条捷径。《幼儿园教师专业标准(试行)》在"基本观念"中写到:"把学前教育理论与保教实践相结合,突出保教实践能力;研究幼儿,遵循幼儿成长规律,提升保教工作专业化水平;坚持实践、反思、再实践、再反思,不断提高专业能力。"这就需要教师具有一定的经验总结以及教科研能力。同时,教科研工作是幼儿园的立园之本、兴园之策、发展之源、强园之路,教科研是幼儿园不断前进和可持续发展的不竭动力,唯有立足于教科研工作才能把握幼教形势的脉搏,深化幼教改革,促进幼儿的全面发展。

(二)幼儿教师从事教科研的优势

幼儿教师作为幼儿园教育教学的主体,作为专业人员,要在日常的教育教学工作中体现出本身所应具备的高度自主性和自主能力。同时,教师也要通过专业的工作方式来不断地完善和发展自我,创造自己的一种专业生活质量。因此,幼儿教师可以把"工作中的我"和"生活中的我"融合,成为一个具有较高文化层次和品位的人,其生活质量和工作质量提高也是同一的。

幼儿教师从事教科研具有很多的优势,首先是生活在真实的教科研本源中,即幼儿教师每天都在实践现场中经历着各种各样的问题,易发现关键性问题;其次是幼儿教师具有深入研究和反复实践的有利条件,即一日活动各个教育实践活动都是展开研究的"试验田",易找到适宜的实践模式;最后是幼儿教师每天都在与幼儿密切交往,易进入幼儿的内心世界,研究幼儿学习与生活的诸多"秘密"。因此,教科研活动能够着力解决幼儿园教育教学实践中的具体问题,能提升幼儿教师的教育教学水平并促进专业发展。

幼儿教师只有成为合格的新一代灵魂的塑造者,才能托起明天美丽的太阳!没有教科研能力的教师是不称职的教师,不是专业的幼儿教师。蒋梦麟曾经说过,有真学术才有真教育,有真学问才有真教育家。他们的学问或学术是人类思想文化的精华并逐一体现在教育教学活动中,自然就有超出一般的精神气质。这种精神气质以"真教育"为底蕴,也就是说要有教科研能力。因此,可以说教科研是幼儿教师"认识教育-完善工作-完善自我"的一条捷径,这是一种指向教师自身的教育实践,因为它有助于促进教师教育的进步、提高教师在复杂教育情境中有效解决复杂问题的专业能力。

二、幼儿园教育教学的独特性与幼儿教师教科研素养

传统意义上的幼儿教师基本素质要求是从幼儿教师从事育人职业的基本条件和要求来说的。但是,当成为一名幼儿园教师后,除了要按照《幼儿园教育指导纲要(试行)》有关要求,掌握幼儿生长的生理特点和全面发展的教育目标,有良好的职业道德素质(较高的政治思想觉悟和高度的事业心),有良好的心理素质、智力技能素质、科学文化素质(广博的科学文化知识和良好的语言文化修养)和教育、艺术活动素质(即组织幼儿艺体活动的能力)、通晓幼儿教育科学理论和各种课程的教学技能外,还需要不断学习,认真研究,即还要具备良好的教科研素养。

教科研对于深化课程改革和教学改革,促进教师专业成长无疑能起到巨大作用。幼儿教师具有较高的教科研素养可以提高教育质量。但目前的幼儿教师的教科研能力难以符合社会发展的需求。

教师职业不同于医生、律师,其充满了不确定性、复杂性和无边界性。幼儿教师与中小学教师的不同在于所面对的对象不同,幼儿成长时期最容易模仿他人和得到更加具体化、形象化的教育。因此,幼儿教师必须具备语言、跳舞、唱歌、绘画等基本技能以适应幼儿教育的特点。当然,随着素质教育的深化,幼儿教师除了具备这些基本技能以外,也必须具有教科研能力,以提高教育过程中的效率和科学性。幼儿教师教科研能力已经逐渐被社会各界人士广泛关注。

三、国内外关于幼儿教师教科研素养的研究

(一)幼儿园教师教科研的现状

(1)幼儿园教师从事教研工作现状。目前幼儿园开展教研工作的现状不尽如人意:对教研和园本教研的内涵认识不够深入;教研内容方面有时是"本本主义",有时是"拿来主义";教研形式单一,呆板;教师研讨、研究的主体性不强,有时是"溜冰场",有时是"走过场";研究主题单一或不突出,针对性不强,无系统性和连续性,不能解决教师们实际问题;教研成效有时是"拍手通过",有时是"一堆材料",研究成果不能在实践中落实与运用,成果的提炼和转化意识薄弱。

(2)幼儿园教师从事科研工作现状堪忧。科研可以提高教师的教育教学质量和专业水平,虽然近几年幼儿教科研呈现出繁荣景象,但是科研内容、过程、方法等与教师自己的日常教学存在隔阂与冲突,实施过程实质虚化:开题热热闹闹,过程无声无息,结题"硕果累累"。教科研首先在求真,但幼儿园教科研是严重失真,搞的是劳民伤财的虚假"形象工程",幼儿园和教师没有实际意义上的教科研成长,只是徒有美丽虚名。[①]建议幼儿园教师要以微观性研究、行动研究、自主研究为主要研究方法,在实践中反思,以问题中心为切入点,制订切实可行的计划,开展实事求是的教育科学研究。

(二)幼儿园教师如何做教科研

关于幼儿园教师如何做教科研这个问题,专家学者有不同的引导和方法,一线幼儿教师更有自己独特的经验。其中,王成刚、袁爱玲教授在《幼儿教师如何做教科研》一书中详细阐述了幼儿教师如何开展适合自身需要的教科研,其中包括选择研究问题、开展课题研究,并重点介绍了常用的教育观察法、调查研究法、教学案例研究法、行动研究法等教研方法,这不仅为一线幼儿教师提供了详细的教科研理论、方法的讲解,更对一线幼儿教师开展教研工作具有重要指导价值。

---

①于俭.幼儿园教育科研的现状与基本对策[J].当代学前教育,2008(1):12-17.

(三)改善幼儿园教师教科研现状

基层教科研一直深受自然科学或实验科学研究范式的禁锢,基层教科研受到质疑也越来越多,使本该欣欣向荣的教师教科研裹足不前,问题重重。在实践中也试图通过教科研来改变教师,期望通过各种途径来丰富和培养教师的教科研能力,但现实的效果是教师只在理论方面有所进步,实践方面的改变及发展并不明显,而且试图提升教师教科研能力的方式也加重了教师的负担。

改善"教科研",即考虑重构一个更适合教师工作实际和表达习惯的教科研体系,为教师实践性知识搭建多样化的表达平台,以一种新的视角引导教师不断进行经验提炼并努力增强理论自觉。这种视角应该是基于"教师的视角",是一种新的教科研姿态。它一定要立足实际,关切教师的实践性知识,反思教师的真实成长并有助于教师知识的实际表达;它必须具备包容精神,去思考并建构一个更符合教师工作实际和表达习惯的教科研体系;它应当以促进教师专业发展为宗旨,并将这种宗旨融入引导教师教科研成长的各种策略和途径中。

第三节　幼儿教师教科研素养的基本构成
及其结构模型

一、幼儿教师教科研意识构成

意识是一种人脑机能,是高级神经高度发展的表现,是人的心理对现实生活的自觉反映。教科研意识是教师对教育活动的有意识的追求和探索,是运用教育科学理论指导教育活动的自觉行为,是对从事教育活动的一种清晰而完整的认识。既表现为行为主体对教育环境的主动适应,也表现为行为主体对教育环境的积极影响与改造。教科研意识是教科研的前提,是教师开展自主学习以及帮助他人进行有效学习的基本保证,是教师专业发展的重要内驱力,它根植于教师的行为规范之中,帮助教师不断进行自我提升与发展。

教科研意识并不是虚玄空泛的,它是信念与热情、教育的知识与经验、教育眼光与智慧几个要素组成。首先,教科研意识体现为教师对教育事业的一种执着精神,教师只有以献身教育的热情和信念作为支撑物才可能具备这样的自觉和追求,传授知识,开发心智,启迪心灵,是一项极其复杂的最富创造性的实践活动,也是一项极其艰辛和极富牺牲精神的平凡工作,热情、执着、富有信念便成为从事这一事业所需要的最可贵品质,有了这种品质便能自觉地、有意识地去追求和探索教育活动,才能有创造性的工作表现。其次,教科研还需要一定的教育的知识与经验,如果没有一定的教学实践经验积累,没有一定的教育理论素养,教师就不能对教育活动有意识地自觉地反映,更不能对教科研有效地追求和探索。最后,教科研意识需要眼光和智慧。如果一个教师因循守旧,眼光迟钝,就不能产生探索的眼光,不善于发现尚未解决的问题。可见,教科研意识是幼儿教师的一种职业理想、道德、素质和能力的综合体现,与教师的素质要求完全一致。

(1)"理论—实践"意识。幼儿园教师需要不断进行有关理论的学习,用这些理论学习所获得的思考和素养去指导自己的实践,但同时反过来,也要在自己每天的工作实践中不断总结经验、提炼经验、验证理论、领悟并思考用更好的办法和更轻松的方式取得更佳的教学效果。教科研过程就是一个积累的过程,是理论与实际结合、理论指导实践的过程,是实践经验总结与升华的过程。不开展教科研,根本不能出色地完成教育教学任务。所以,每位幼儿教师需要不断学习、不断探索、不断提高自己的文化素养、理论素养和实践成效,这样才能适应学前教育形式的发展。

(2)"反思—行动"意识。美国心理学家波斯纳曾经提出过一个公式:教师的成长=经验+反思。经验就是教师在教育过程中的经历,而反思有助于理论知识向实践知识、公共知识向个人知识的转化,这种经历与反思的结合有助于教师发现并分析自身的知识结构和教育教学实践中的问题,有针对性地加以补充和改进。教科研不仅需要理论学习与武装,更需要实践操作和行动。幼儿教师在自己的生活和工作情境中应主动思考一些教科研问题,主动参与和积极承担一些教科研任务和教科研活动,积极主动撰写一些教科研心得体会和教育教学反思,养成一种教科研的常规思维和习惯。

（3）"基础—创新"意识。幼儿教师从事教科研要了解教科研的基础知识、基本方法、基本流程、基本思维方式，教科研内容要贴近教学实际，教科研过程要贴近工作实际，为教学服务，通过教科研提高教学水平，这才是教科研所具有的持久生命力。开拓创新是教师科研能力得到增强的一种体现，教师不能只满足于教育教学经验的简单总结，陶醉于一些教育教学理论的仿制，要善于发现问题，提出有研究价值的重大问题。同时要敢于冲破原有的旧模式，大胆改进教学方法和教学手段。

（4）"工作—研究"意识。研究应该成为幼儿教师的一种生活方式。生活中谁都会有自己的问题，面对这些问题时，需要运用思考和理性来行动和改变，即研究如何改变自己，如何改变环境。同样，在工作中要善于研究，而且人人都需要研究，都应该研究。在研究状态中工作和生活，养成研究的思维和研究的习惯。工作与研究殊途同归，两者互相促进，相互融合。打破教科研的神秘感和"高不可攀"的敬畏感，要有"做好工作就是做好教科研"的意识，克服心理障碍。

行动和研究不分离。工作、学习和生活一体化，即工作学习化、学习工作化、生活学习化、学习生活化。这就需要教师在教育教学过程中学会观察、学会思考，在实践中不断探索总结出经验，并能广泛地运用到实际工作中去。这种实践—反思—提升的过程就是研究的过程。随着我国幼儿教育逐步改革和不断深化，社会对幼儿园的办园标准和要求越来越高，对幼儿教师的各项能力也提出了越来越高的要求。作为这一时期的幼儿教师，不仅要履行自己的教育职责，还要结合先进的幼儿教育理论，将教学经验加以总结和概括，寻找出其中的规律，提高自己的理论水平和专业素养，在工作中学会学习、学会研究，从而促进学前教育事业不断改革和发展。

二、幼儿教师教科研知识结构

> 在一项研究中,研究者请近百名教师围绕大班科学活动"影子"设计教育活动方案,分析所有的活动方案后发现,其活动目标中基本都有"探索光与影的关系",但具体探索什么关系,怎样探索,需要提供什么条件,这些问题基本没有涉及,在活动设计中能真正调动幼儿思考的积极性、引导他们去关注和发现光与影之间的关系的设计凤毛麟角,原因是教师们缺乏相关的物理学知识。数学教育、艺术教育、语言教育、社会教育等领域类似的情况也存在。

这种现象较为普遍,问题也十分严重,相关知识教师都不清楚,更遑论教育质量和专业水平提升。幼儿园是以培养"完整儿童"为基本价值导向的,促进幼儿身体、认知、情感、社会性的全面发展,而这些需要教师掌握相关领域的知识与教学内容。幼儿教师自身必须具备蕴含其中的"内容知识",否则难以胜任幼儿园保教工作。能胜任幼儿教育工作仅仅是门槛,在专业化发展的整个历程,只具有专业知识是不够的。如果没有科学的专业知识、技能和革新的理念做引领,将自囿于同水平反复,甚至走入误区。

(一)一般理论知识与实践知识

这两类知识结构是教科研素养结构中最为重要的。理论知识是系统的、有普遍意义的知识,包含了一般知识和专业知识;实践知识是教师无意识的、内隐的,难以用逻辑方式表达的知识。幼儿教师需要理论知识,也需要实践知识。

一般理论知识中,重点是通识性知识,通识性知识是指一定的自然科学、人文社会科学知识和艺术修养,它是幼儿教师用于提升自身整体素质的内容和具有的一般文化素养,是幼儿教师必备的"教学内容知识"。《幼儿园教师专业标准(试行)》明确指出幼儿园教师应掌握的通识性知识包括:具有一定的自然科学和人文社会科学知识;了解中国教育的基本情况;掌握幼儿园各领域教育的特点与基本知识;具有相应的艺术欣赏与表现知识;具有一定的现代信息技术知识。这些知识对促进幼儿教师自身文化素养持续提升、提高幼儿教师保教工作质量起着重要基础作用,是支撑和保障其他教育保育工作有效开展、促进教师专业持续发展的重要基础。

在幼儿园,虽然不需要教师系统地"教"学科知识,但在支持与引导幼儿学习时教学内容必然会涉及多个学科领域的知识。如果缺乏通识性知识,教师面对幼儿的问题常常无法回答,幼儿的探索不知往哪里引导,底蕴不足、创新乏力,只能"照本宣科""依葫芦画瓢",照搬教师用书中别人设计的现成方案,难以内化、理解、重构教学活动及其他活动,难以围绕教育现场中的具体问题和"突发事件"与幼儿展开生成性互动。首先,从幼儿园教育的对象和培养目标看,幼儿教师面对的是3-6岁孩子,这些孩子随着年龄增长、与外部世界联系的范围逐步扩大,学习渠道多元化,求知欲旺盛,所提问题不仅奇特,有时还具有前沿性、广泛性和深刻性。教师应该为幼儿创设丰富的环境和准备各种支持性材料支持幼儿广泛的探索和学习,这就要求教师必须拥有广博的通识性知识,积淀丰富的文化知识,掌握支持和引导幼儿成长和发展的策略与方法,并能在保教实践中融会贯通,灵活运用。其次,从幼儿学习与发展的整体性看,由于幼儿的发展是一个整体,教师必须注重各个发展领域之间、不同发展目标之间的相互整合、相互渗透,这也决定了教师必须掌握广博的文化知识,能够整合不同领域的知识,这样才能为幼儿各方面的协调发展提供良好的教育机会。再次,从幼儿园教育内容的全面性和启蒙性看,幼儿教师必须广泛学习各个领域的通识性知识,这样才能在融会贯通基础上逐渐形成自己对生命、生活、历史、社会的独到感悟,并在幼儿园保教活动中加以实践。因此,幼儿教师通识性知识的多少、文化底蕴的厚重程度,一方面决定了他们文化水平的高低和专业知识的多少,决定了其专业可持续发展的快慢;另一方面也决定了幼儿对其提供的保教内容、保教方式的喜爱程度和其开展的保教活动的质量高低。只有根基深厚,才能枝繁叶茂。幼儿园教师的知识越广博、越丰富,文化素养越高,在保教工作中才更有爱心、信心、耐心,更懂得信任和宽容儿童,保教实践更得心应手。①

教育要革新就要研究,但没有理论作指导是不可能进行的,也是做不好的。因此,作为幼儿园管理者和教师要认真学习教育理论,及时了解最新幼教信息,理性认识学前教育的功能,明确教师、幼儿的角色定位,树立具有时代性、主体性、思维性、实践性、发展性的现代教育理念,使自身在学习中提升,在学习中研究,使研究初始就有较高的层次。但是,学前教育研究的目的是探求具有科学性的教育新认识、新方法、新规律,不可能一蹴而就,一劳永逸,因此,在学习的同时,要不断地调整研究思路,改进研究方法,在专家的引领下大胆去尝试、比较、创造、反思,使研究在进行中升华,最终获得成果。

---

① 周玲玲.幼儿园教师学习通识性知识的价值与途径[J].学前教育研究,2015(5):67-69.

(二)幼儿教师职业应具备的专业知识

由于服务对象的特点以及由此带来的幼教工作的特殊性,幼儿教师需要具备一定的专业知识,这是专业素质的重要组成部分,且具有相对独立性,体现着幼儿教师作为一种专门化职业的独特性和不可替代性。教育部颁布的《幼儿园教师专业标准(试行)》中将教师的专业知识分为"幼儿发展知识""幼儿保育和教育知识""通识性知识"(通识性知识见上文)三类。这三类知识既是每一位幼儿教师必须具备的专业知识,又是其"专业理念与师德"和"专业能力"的认知基础。它们在理论上相对独立,但在实践中是紧密联系,相互融合的。①拥有知识的人才能当教师,这是自学校产生之日起人们就已形成的共识。

1.关于幼儿发展的知识

幼儿发展的知识是指了解幼儿身心发展的规律、学习特点、已有经验等方面的知识。幼儿教师要掌握有关幼儿发展的知识,全面了解幼儿(获得经验的方式与特点等),掌握幼儿身心发展的一般规律、发展的年龄特征和个性差异、发展中常见的问题和有关儿童生存发展权利的法律法规等,这是幼儿教师形成正确的儿童观和教育观、保障保育教育工作适宜性和有效性的条件和根基。

幼儿发展知识处于专业知识结构的核心位置。对于幼儿教师来说,幼儿发展知识解答的主要是幼儿的学习与发展规律,科学的保育教育应该是什么样的,怎样做才是适宜的、有效的幼儿园保教工作等。这些保教知识既是每位教师必须具备的知识,又是其"专业理念与师德"和"专业能力"的认知基础,也是形成幼儿教师保教能力的基石,指导着幼儿教师的保教实践,进而影响幼儿成长。《幼儿园教师专业标准(试行)》中关于"幼儿发展知识"列出了五条:了解关于幼儿生存、发展和保护的有关法律法规及政策规定;掌握不同年龄幼儿身心发展特点、规律和促进幼儿全面发展的策略与方法;了解幼儿在发展水平、速度与优势领域等方面的个体差异,掌握对应的策略与方法;了解幼儿发展中容易出现的问题与适宜的对策;了解有特殊需要幼儿的身心发展特点及教育策略与方法。幼儿园教育与中小学教育相比,最大的不同在于不以传授系统的知识技能为主要目的,而是把培养身体、认知、情感、社会性等各方面和谐发展的"完整的儿童"作为根本任务,保育教育中要始终坚持"以幼儿为本""保教结合""以游戏为基本活动""寓教于乐"的原则。

---

① 冯晓霞.幼儿园教师的专业知识[J].学前教育研究,2012(10):3-12,45.

2.关于幼儿保育教育方面的知识

幼儿保育教育知识即有关幼儿教育的基本原理,涉及幼儿教育目标、内容、途径、方法、策略等基本知识。在幼儿园阶段,保育的主要目标是促进幼儿身体正常发育和技能的协调发展,增强体质,培养幼儿良好的生活习惯和参加体育活动的兴趣,以及让幼儿掌握自我保护和自我管理的能力;教育的目标是幼儿在健康、语言、社会、科学、艺术等领域的全面发展,萌发幼儿爱家乡、爱祖国、爱集体、爱劳动、爱科学的情感,培养诚实、自信、好问、友爱、勇敢、讲礼貌、守纪律等良好的品德行为和习惯,以及活泼开朗的性格。《幼儿园教师专业标准(试行)》中将幼儿教师必备的保育和教育知识分为五个方面:幼儿园教育的目标、任务、内容、要求和基本原则;幼儿园环境创设、一日生活安排、游戏与教育活动、保育和班级管理的知识与方法;幼儿园的安全应急预案,意外事故和危险情况下幼儿安全防护与救助的基本方法;观察、谈话、记录等了解幼儿的基本方法;0-3岁婴幼儿保教和幼小衔接的有关知识与基本方法。《幼儿园工作规程》要求幼儿园要"向家长宣传科学保育、教育幼儿的知识","指导家长正确了解幼儿园保育和教育的内容、方法"。如果幼儿教师缺乏保育保健等方面的知识及其沟通技巧,就无法组织家长参与幼儿园教育,帮助家长树立正确教育观念,提高科学育儿水平。

(三)教科研技术方面的知识

教育科研就是研究者借助教育理论,以有价值的教育现象为研究对象,运用相应的科研方法,有计划地探索教育规律和进行创新性的认识活动。[1]教科研工作是一种复杂的认识过程,除了了解一些教科研知识,还需要掌握一些具体教科研的技术与方法。这样,才能为幼儿教师顺利进行教科研提供基础。在教育教学中运用有关理论和原理进行实践探索、验证、总结实践经验,也需要一些技术。教师教育素养的重要方面就是要懂得各种研究儿童的方法。当前幼儿教师存在教科研意识淡薄,认识水平滞后,面对教科研任务不知如何下手,缺乏科研方法,科研能力普遍较弱的现状。比如,不知道如何有效查找、搜集和整理资料,如何拟定课题实施计划,如何撰写文献综述,如何设计研究内容,如何找到研究内容与工作实践的契合点或对接点等。

---

[1]姚慧.大数据时代教育科研管理的变革[J].中国教育学刊,2015(9):51-54.

三、教科研能力及其结构模型构建

幼儿教师教科研素养不仅需要知识结构和技能结构,还需要动态的实践能力结构,更需要教师的隐性情感态度、伦理熏陶和涵养。教科研能力结构一般而言包括组织能力、逻辑思维能力、发现问题与解决问题能力、自主监控能力、资料搜集与处理能力、科研创新能力、动手操作能力、语言表达与人际交往能力等,可以概括为以下四种(见图1-1):

图1-1　幼儿教师教科研能力结构模型

1.思考力与反思力

在实践中的反思对于幼儿园教师来说很重要,因为在这个过程中能积累实践经验、扩展自己的实践性知识。越来越多的研究认为,教师的专业形象是"反思性实践家",其"专业能力"并不停留于所规定的科学技术、理论知识和合理技能,而是为融合这些知识所展开的,以及适应各种问题情境的判断之基础——实践性知识。一线实践者需要自己成为思考者、成为问题的解答者。这里的思考包括对理论的思考、对实践的思考和对专家指导的思考。[①]如果没有相关的知识信息和能力,就不可能产生有质量的思考活动。虽然一线教师习惯于实践性思维,对理论的思考是短板,但是通过培养和自身努力是可以提升对理论的思考力的。有目的地掌握思考对象的相关信息,对这些相关信息思考就会对自己研究的问题有更多视角和更宽的视野,受到更多启发,在一次次思考中不断理清、建构自己的观念、想法,加深认识,不断建构自己的思想,了解自己的思想和别人有哪些不同,有哪些体现等。教学反思是指教师把自己的教学过程作为

[①]吴邵萍.例谈课题研究中的思考力[J].幼儿教育,2014(25):36-37.

思考对象,对自己的教学行为、教学结果进行分析,进一步改进自己的教学实践,并使其更具合理性的过程。

将理性思考和实践研究一体化,开展内部的实践思考,还要借助外力对实践进行思考,不断思考课题核心概念的实践化,实践活动的理性化,需要一线教师定期回顾、梳理、分析实践,梳理自己想了什么、做了什么、未来要做什么,明晰继续研究的方向,同时借助专家的力量、他人的视角帮助理清自己做的哪些事是有质量的、科学的,哪些事该做而没有做……借助外力来更好地了解自己,认识自己,完善自己。同时"主动收集分析相关信息,不断进行反思,改进保教工作。针对保教工作中的现实需要与问题,进行探索和研究。制定专业发展规划,不断提高自身专业素质。"①这样经常对实践进行思考保证了研究方向的正确性、实践成果的有效性、实践结论的科学性。此外,教科研离不开专家指导,但是对于为什么邀请专家、邀请什么样的专家、怎么看待专家是园长和一线教师要思考的问题。因为专家并不完全了解研究目的和研究内容,一线教师要对专家提出的观点的科学性、准确性和应用性等进行思考。不能因为他们的批判或表扬,我们就全盘否定自己的研究或认为自己的研究无可比拟。一线教师必须学会并习惯理性思考,成为自己的主人。

当然,理性层面的认识必须建立在对他人研究的总结与反思的基础上。反思是教师专业成长和教科研成长的重要方式和途径,是提升教科研素养的主要因素,有助于教师增加教学经验。教科研的过程不仅要关注教育教学实践与理论的发展,多维度、更深广地研究教育教学现象、问题和对策,更要引领幼儿教师全面对自己的专业实践、专业活动以及个人的专业发展进行反思性探寻。②通过不断地反思,对教学行为进行分析和处理,从而不断提升自身的经验,形成自身独特的教育方式,进而提高教科研素养。

2.对话力与倾听力

对话力是幼儿教师专业发展中的核心能力之一,也是教科研素养中的重要素养之一。对话是人的一种存在方式,"对话"是课程与教学的重要话语,它既

①教育部.幼儿园教师专业标准(试行).[EB/OL](2011-12-12)[2017-07-02].http://old.moe.gov.cn/public-files/business/htmlfiles/moe/s6127/201112/127838.html.
②祝晓燕.园本教研"轮值制"的实践探索[J].学前教育研究,2013(12):67-69.

是一种教学方法、技术,一种教学原则、理念,更是一种人际关系和交流方式,因为对话指向关系,个体的存在意味着进行对话交往。对话力是指幼儿教师与孩子、同事、家长、同行进行的有关幼儿教育教学的话题探讨和沟通交流的能力。正如《幼儿园教师专业标准(试行)》中对幼儿教师的"沟通与合作"的基本要求那样:使用符合幼儿年龄特点的语言进行保教工作;善于倾听,和蔼可亲,与幼儿进行有效沟通;与同事合作交流,分享经验和资源,共同发展;与家长进行有效沟通合作,共同促进幼儿发展;协助幼儿园与社区建立合作互助的良好关系。在这种非线性的和谐对话中,首要的前提是教师对他人人格和话语权的尊重。

幼儿教师在进行各种教学活动中与幼儿之间的对话,在与同事之间进行各种交流和学习的对话,以及与家长进行的沟通和交流,与同行之间进行的各种交流互动,无不体现着教师的知识、智慧、思想。对于幼儿而言,对话意味着教学,这种教学是一种更具人文性和创造性的教学理念和教学形态,凸显了智慧性教育、人际关系处理和伦理道德等理念。[①]对于同事而言,对话意味着共同切磋、学习、协商、沟通,分享知识和话语权力,其实质是师师之间话语权力的分享。与家长、与社区对话,体现的是一种良好的专业合作。

对话力和倾听力是相辅相成的,有良好的对话力就有良好的倾听力。这是幼儿教师良好德性的自主生成。话说好了,人缘也不会差,"人脉力"和"印象力"自然就会变得很好;如果不会说话,那么除了会得到一个"沉默寡言""不合群""不善言辞"等标签以外,你的职场生涯和专业发展也会受阻。教师的专业知识具有个人性,但并不意味着教师得采用孤立、沉默的工作模式,相反,更需要团队学习。所以,教师每周都应有一定的时间用于教师之间的交流研讨、协商解决教育实践中出现的问题,争论各种问题,观看教学档案等。

3.阅读力和写作力

在全民阅读成为国家战略的今天,教师如何成为全民阅读的"领跑者",真正回归文化人和知识分子本色? 一名幼儿教师,如何依托专业阅读让自己的专业发展走得更远?

[①]李传英,杨晓萍.走向对话:幼儿园教学的文化哲学审视[J].学前教育研究,2010(6):16-18.

阅读对幼儿教师专业成长具有重要意义。阅读可以丰富教师的知识,促使教师深入思考,形成深刻的专业思考力和解决问题的能力。因此,教师阅读力就是教育生产力。朱永新教授提出的"三专"发展模式中,专业阅读和专业写作是其中的"两专"。读是积累,写是升华,写是为了更好地沉淀阅读过程中那些高质量的思考。阅读成为教师工作、生活的不可分割的一部分。阅读促使教师写作,自觉走上教育写作之路,能促使教师形成可持续发展力。阅读促进教师精神成长,要专注于教师阅读力的提升。

4.教科研道德力

幼儿教师的教科研道德是思想道德的一部分。幼儿教师的思想素质在各种素质之中是主要的核心素质,主要表现出幼儿教师所具备的世界观、道德观和价值观的内在素质,它们直接影响着一个幼儿教师以什么态度和什么方向去从事幼教事业。教科研道德也一样,直接影响着幼儿教师以什么样的态度和什么方向从事教科研。实践证明,教科研活动增强了集体凝聚力,能间接地提高幼儿教师的思想道德素质,直接提高幼儿教师的教科研道德,如价值的判断、学习的态度、精神的领悟等。

教师学习不是知识的线性累加,而是在与环境和他人的交互作用中一种不断的社会建构过程。美国著名学者舒尔曼认为,教师学习与发展要在一个专业发展社群中,教师有愿景、有动机、知道如何去做,并能在自己的经验中学习,教师学习必备的关键元素就是:愿景、动机、理解、实践、反思、社群。他强调教师的学习首先需要产生愿景,并且当愿景与实际不符合的时候,个体产生了学习的动机,教师需要具备足够的教育理论与知识才能理解自己的行为,知道如何去做,进而在具体的情境中采取行动,教师的实践为教师反思自身的教育行为和隐含的教育理念提供了基础,同时,教师通过与其他教师合作进行交流、探讨获得社群的反馈与指导,教师通过自己的反思和他人的反馈在自己的经验和实践中学习。

第二章

当下幼儿教师从事

教科研的机遇、

问题与困境

随着社会经济的不断发展和人们对教育认识的不断提高,学前教育日益受到各界的关注。这给学前教育的教科研发展带来了新的机遇和挑战。但是,现阶段幼儿教师普遍存在着专业认同度不高、职前职后培养培训不充分、超负荷工作引发职业倦怠、教科研意识淡薄、教科研知识缺乏、教科研能力低等问题。在培养教师的教科研意识的时候,没有结合具体的教育活动来操作实施以锻炼和提高教师的教科研能力和教学能力,因而幼儿教师教科研陷入困境,使处于日常教学活动之外的教科研难以进行。

第一节　幼儿教师从事教科研的机遇

一、我国宏观背景下的教科研制度保障

教研制度是我国基础教育的特色,从其逐步建立与形成以来,在各个阶段的教育改革与发展进程中,都起到了其独特的作用,成为保障基础教育质量的重要一环,在提升教学质量方面起到了不可替代的作用。新中国成立前,各地虽也有教学研究工作的开展,但没有独立的教研体系,也没有专门从事教研的机构和人员。在新中国成立后,由于教育事业的发展需要逐步形成和建立了相关教研制度,例如,教育部颁布了《中学暂行规程(草案)》和《小学暂行规程(草案)》,明确提出了中小学要建立学科教研室和学校教学研究会议制度,首次对中小学教研组的设置做出了规定。这是我国教研组成立较早的法规依据,也标志着教研组以国家文件的形式在中小学正式确立。随后,各地中小学纷纷成立了教研组,并在以后的发展中不断规范化和日常化,担负着保障教育质量的责任。西方国家教育界专家高度评价中国教研队伍,认为教研队伍为中国基础教育质量的提高发挥了极为重要的作用。

2005 年,北京师范大学中美教育中心与美国密歇根大学美中教育中心举办了一次交流座谈会,在会上,一位供职于美国某州立大学的美籍华人教育学者与中国同行交流,郑重地表达了一个观点:中国的教育,若论经费、教师学历、设

备等都无法与美国相比,但学生的学业成绩却比美国强很多。经过他的研究,找到的原因是中国有一个特别的机构——教研室,这个机构在各方面条件都不理想的情况下发挥了不可替代的作用。2009年、2012年上海中学生连续两次参加经济合作与发展组织(OECD)组织实施的"国际学生评估项目"(Program for International Student Assessment,PISA)测试,两次都以明显优势位居榜首,这一成绩引起了世界的瞩目。PISA成绩公布之后,OECD和美国教育部曾委派专员(美国记者汤玛斯·福里)到上海进行基础教育考察与调研,试图寻找上海学生获得第一的成功经验。通过走访,了解了方方面面的情况后,考察人员将其归功于以学校为单位的教研制度。这种制度是"对教师培训的深度承诺"——同行之间相互学习和专业不断发展,家长在孩子学习过程中深度参与,学校领导坚持最高标准,鼓励教师和营造尊重教师的校园文化。[1]中国特色的教研制度,就这样以惊艳的方式走到了世界面前,成为"世界公认的教育财富",我们应该义无反顾地进一步开展好教研工作。

幼儿教师专业化发展已成为国际教师教育改革的趋势,幼儿园教科研理念必须适应这一新的变化。教科研促进幼儿发展,同时也应促进教师发展,让教师尽快成为"课程的研究者、实施者和创造者"。新课程改革背景下幼儿园教科研组织是学习型组织。学习型组织能有力地进行集体学习,不断改善自身收集、管理与运用知识的能力,大家在这种组织中共同学习,并以新知识、新见解为指导,互相砥砺,不断提高自己,反思并用于修正自己的行为,不断开发自己的潜能,全力实现共同的目标。

幼儿园的教科研工作是以幼儿园保教人员为主体,以开展保教研究和保教实践活动为基础,以保教工作问题为对象,以提高保教人员素质和保教质量为目标的常规研究活动的总和。教科研是一项重要工作,其目标是指向提高幼儿园教育质量和提高教师科学保教能力,让教师从被动专业化转向个体的主动专业化。目前我国教科研制度管理层级基本上是四级:中国教育科学研究院,各省级教科院(曾经是教科所),区/县级的教科所(或教师进修学院/学校,也有的

---

①陶华坤.都市教育.北京:中国言实出版社[M],2014:178.

称教师发展中心),各级各类学校的教科研工作组。它们在发展中不断规范化和日常化,担负着保障教育质量的责任。有这样的制度和保障,在课程改革与发展中,幼儿教师的教科研素养提升是肯定的。

二、我国各地专职教研员的专业引领

幼教教科研是一种促进幼儿教师专业成长、提升幼儿园教育质量的专业指导性服务,是幼儿教育理念通往实际教学行为的桥梁,是提高幼儿园教育教学质量、提升幼儿教师专业水平的重要途径。幼儿园教育质量提升的关键因素是幼儿教师的专业水平。幼儿教师的专业成长除了职前的专业知识学习和专业技能训练外,还有职后来自教研员的指导,更重要的是能在实践和各类学习过程中积淀并逐步走向专业和成熟。幼教教科研一般分为研究型、教学型、学习型三类,它们是以研、教、学为着眼点,以问题(或课题)、活动、分享为载体,研究幼儿园一日生活与学习,研究幼教的基本原理、分享最新理论成果,助教师提高研究力、教学力、学习力。没有研究的教研没有深度,没有学习的教研没有广度和高度,没有教学的教研似"空中楼阁"。

幼教教研员是研究幼教、指导幼儿教师和幼儿园发展的专业人员,是架起理论与实践的桥梁。作为多重身份的幼教教研员,应具有生态的研究视野和独特的思维方式,才能促进其自身专业不断发展,引领幼教发展。专职幼教教研员则是指省、市、县、校四级教学研究机构中专门从事幼教课程、教育教养、教学、评价等研究的专业人员。不同于一线教师和理论专家,他们集研究、设计、服务、指导、辅导、传播、联络、监督、培训于一体,具有多重角色与多种职责,是专门研究幼儿教育的研究员和学习者;是专门指导幼儿教师、引领幼儿园科学化发展的服务者、指导者、设计员;是专门培训幼儿教师,支持其专业成长的培训者、编导员和辅导员;是专门进行业务管理和教育教学质量监督的监督者;是传播课改动态和落实教育方针的信息员和联络员;是把握学前教育发展方向、促进教育理念与教育行为统一,在幼教课程理论形态和教育教学实践形态之间发挥着桥梁作用的理论工作者和实践工作者。他们在组织开展各级各类的教学研究,促进幼儿教师专业发展中不可或缺且无以替代。随着课改和教师专业核心能力的不断转型,幼教教研员的地位和作用日益凸显,但也面临着巨大挑战。幼教教研员须顺应形势,不断提升自己的专业素养才能起到"业务带头"作用。幼教教研员在教研"研"向何方、"研"什么、怎么"研"、如何引领幼儿园一日活动有效开展等方面还有很多新问题需研究,需要具有引领意识和开阔的教研视野,需要具有不断超越、不断创新的教研思维,只有这样才能针对园长和教师的具体问题进行微创新。

《教育部 国家发展改革委 财政部 关于实施第二期学前教育三年行动计划的意见》中明确指出,要加强幼儿园教师队伍建设,提高保育教育能力,全面提高幼儿园保教质量,必须充实教研力量,加强对幼儿园保教业务指导,建立健全学前教育教研指导责任区制度,完善区域教研和园本教研制度,充分发挥城市优质幼儿园和农村乡镇中心幼儿园的辐射带动作用,及时解决教师在教育实践中的困惑和问题。《教育部等四部门关于实施第三期学前教育行动计划的意见》(教基〔2017〕3号)也强调要"加强幼儿园质量监管和业务指导",又一次对教研员的责任和义务做了"落地式"任务部署,这一方面强调了学前教育教研员的重要性,同时也对教师专业发展、幼儿的发展和园所的发展提供了业务支持和保障。

三、各种机制体制的支持

评职制度对幼儿教师从事教科研能起到极大的鼓励作用。在幼儿教师评职、晋升、评优、年度考核等机制体制中,幼儿教师从事教科研工作的行动与成果在评定条件中占有很大的比例,教科研突出的教师评职、晋级、评优都是优先考虑,这对于幼儿教师而言,是一个极大的鼓励。在"科研强园"发展战略背景下,各幼儿园通过"科研兴园",积极推进幼儿园教科研工作,制定了教科研制度,并通过教科研活动的开展激活幼儿园和教师自身内部活力,充分调动教师工作积极性,促进教师更快成长,促进幼儿身心和谐发展,全面提高办园水平和保育保教质量。

目前,园本教研制度及其园所科研制度也是非常有利于教师从事教科研的重要机制。园本教研制度是幼儿园教育改革的需要,重点在于帮助幼儿园建立一个帮助教师解决问题的教研机制。园本教研以幼儿园为研究基地,以一线教师为研究主体,以教师在教育教学实践中所遇到的真实问题为研究对象。

第二节 幼儿教师从事教科研的问题

随着教育部颁发了《幼儿园教育指导纲要(试行)》(以下简称《纲要》)、《幼儿园教师专业标准(试行)》《3—6岁儿童学习与发展指南》(以下简称《指南》)之后,社会对幼儿教师提出了越来越高的要求。幼儿教师不再是传统观念中仅以"保"为主的"服务者",而是要努力成为"保"和"教"并重的支持者、合作者和引导者,让幼儿学习和生活健康快乐。《纲要》中表明:"教育活动的组织与实施过程是教师创造性地开展工作的过程"。幼儿教师既要能将有关教育教学理论灵活运用于实践工作之中,还要学会发现教学中的实际问题并加以解决,创造性地开展教育教学工作,以此来实现专业上的自我发展,由实施者逐渐走向研究者。这就是幼儿教师的教科研。然而,一线教师们对于什么是教科研、为什么进行教科研、怎样进行教科研等认识不够、理解不深,幼儿园教科研管理还需加强。本节以我国西部 M 市的幼儿教师为样本,在抽样调查不同类型不同级别的幼儿园教师的基础上对幼儿教师教科研现状进行分析,以期为幼儿教师教科研发展提供参照。

一、幼儿教师对幼儿园教科研内涵的认识问题

(一)基本情况

从职务层次来看,参与调研的主体是教师,因此本次调查幼儿园教师参与教科研的数据真实性比较可靠。调查数据显示,教师305人,占74.8%;园长70

人,占17.2%;副园长20人,占4.9%;教研组长12人,占2.9%;教研员1人,占0.2%。

从年龄结构分析,参与本次调研的教师群体是幼儿园的骨干教师群,因此他们提供的教科研经验是比较真实可靠的。调查数据显示,20岁以下26人,占6.4%;21-30岁共119人,占29.2%;30-40岁172人,占42.2%;40-50岁79人,占19.4%;50岁以上12人,占2.9%。

从学历结构上看,幼儿教师的学历水平还比较低,多集中在中、大专层次,而高学历的教师屈指可数。调查数据显示,中专学历的教师有101人,占24.8%;大专学历的教师有184人,占45.1%;本科学历的教师有121人,占29.7%,硕士、博士学历的教师有2人,占0.5%。

被调研的老师多数是经验欠缺的教师,有的是刚毕业参加工作的,有的是从小学转岗的,有的是非幼教专业的。调查数据显示,从教5年以内的教师107人,占26.2%;从教6-10年的教师69人,占16.9%;从教11-15年的教师74人,占18.1%;从教16-20年的教师76人,占18.6%;从教21-25年的教师37人,占9.1%;从教26-30年的教师23人,占5.6%;从教30年以上的教师22人,占5.4%。

从职称结构来看,半数以上的教师没有进行专业职称评定。调查数据显示,无职称214人,占52.5%;中学高级6人,占1.5%;小学高级86人,占21.1%;小学一级92人,占22.5%;小学二级10人,占2.5%。

从以上数据可以看出,幼儿园教师群体呈现年轻化态势,学历层次偏低,多数教师没有进行专业的职称评定,专业性得不到肯定和认可。而年龄稍大点儿的教师都是三年制中专起步,文化基础比较低。年轻一点儿的教师虽是大专、本科毕业,但是文化知识结构薄弱,从教时间短,在工作中难以形成自己独特的专业思想,显得自信心不足。综上所述,目前许多幼儿园教师自身的知识结构还不具备从事教科研的必要条件。

幼儿教师因为学历水平低、职前教育课程设置不合理等原因,对教科研认识(指幼儿教师开展教科研必须具备的基础知识,包括普通文化知识、专业学科知识、一般教学法知识和个人实践知识等方面)不足。很多幼儿教师认为,做科研就是写文章,不清楚教科研从选题、论证、计划、调查研究到结论形成、报告撰写、论文发表,不断探索和不断总结提升的过程。在实际工作中,部分教师认为只有科研人员、专家等才能写文章、搞科研,因此对于很多幼儿园教师来说,教科研成了很大的压力。虽然大多教师都是幼儿师范专业毕业,但他们只是得到初步的幼教职业技能培训,对教科研理论和方法知之甚少,并没得到扎实的教育技能和幼教理论的陶冶,因而对科研课题研究出现较大的畏难情绪。

(二)对幼儿园教科研认识差异大

在对408名教师进行问卷调查时,在"哪些选项属于教科研"中,有218人选择了"看书学习,撰写论文或学习心得",占53.4%。可见教师们对教科研的认识比较肤浅和偏激,他们只看到了教研科研成果中的书面体现形式,而忽略了科研过程的真正含义。通过访谈,还了解到幼儿教师对日常教育教学的认识比较清楚,园内也经常开展一些有针对性的教科研活动,但是对于教育科学研究的认识还比较粗浅,园际、城乡间的差异比较大。有的教师对于科研与教研的关系与区别认识不清,有的教师对教研是什么不清楚、自己工作中哪些部分是教研不清晰、教研的目的是什么不明白,有的教师对科研课题的认识不全面,有的教师对科研课题的方法了解不深入,有的教师对科研课题的成果认识比较简单。

1."教研"与"科研"区别不开,教科研目的不清

在调查中我们发现,科研能力并未成为评价教师的一个标准,这就使得很多教师看重的只是所谓的"科研"。不少教师认为教研和科研是相互独立的,机械地把两者分割开来。有的教师认为,"搞科研会耽误时间,分散自己的精力,影响教学质量",从而把科研和教学对立起来,认为两者不可兼得;有的教师将教育实践和科研分割开来,导致实践与科研"两张皮";有的教师只关注教科研成果,不注重教科研过程,比如,整个科研过程缺乏主动性,课题结题时才临时"抱佛脚"——补过程性资料,因此科研效果不理想,难以指导教学实践。

其实,教研与科研是有区别的。各自的概念、含义、研究对象、研究范围、研究内容、研究目的、研究过程、研究机构的组织系统、成果的应用范围和参与研

的主体都有不同。教研研究教学,将理论与教育学规律应用于实践,重在解决教育实践中遇到的问题,而科研是研究与教育有关的问题,探索未知的教育教学规律。两者之间是旧与新的关系。教研和科研虽然差别很大,但又密切相关:科研包含教研,教研是科研的基础,是科研的重要组成部分,教研可以带动科研,科研可以促进教研。本书把"教科研"作为一个整体,实含教研和科研之义。

教师自己在长期积累教学经验过程中,对于产生的新问题,想办法去解决,这就是在搞教科研!幼儿教师进行教科研的目的是为教学服务并以此来提高教师的教学水平,需要说明的是,幼儿园教师的教科研并不在于验证某种理论或诠释专家的论断,它的独特之处在于对教育现场的把握和判断,对教育事件所作出的意义解释和分析。教学比较出色的老师,他们的教学工作就体现了研究的意义。只是有的老师没有把这些看似平凡而简单的研究看作是理论高度上的研究,因此往往忽略了自己研究的价值。

2.对科研课题认识不全面

科研课题只是一种研究的表现形式,幼儿园教师对教科研及其有关的课题理解缺乏正确的意识,认识和理解片面化。在问卷调查中,17.6%的人选择"能力不够,搞科研是科研机构和专家的事,幼儿园教师能力有限",有的教师认为"只有专门从事教育研究的高级专家才能做课题",有的教师认为"课题研究是高等院校和教育研究机构的事",还有的教师不知道到哪里、找谁要课题,或者等着上级教科研部门下达课题就行了。有一些幼儿园认为课题的级别越高越好,却不看课题研究的对象、采用的方法与自身的实际是否相符,他们往往不会根据自己的实际情况去申报、确定课题。还有的幼儿园苦于找不到课题或者找不到合适的课题进行研究,从而对科研望洋兴叹。在开展教科研时,带有浓厚的功利色彩,搞课题只是为了在等级示范学校评估中捞取份额,一些人搞科研只是为了应付评职称,晋级加薪或者是发表几篇文章,获取名利。

3.对科研方法认识不深入

科研方法大概有文献法、观察法、问卷调查法、实验法、行动研究法、个案研究法、经验总结法、访谈法、叙事研究法、案例研究法等。但教师们对如何进行教科研了解不多。从问卷来看,"有必要,但苦于不知道如何进行科研,没有头绪,不知道方法"有163人选择,占40%。在访谈中得知有的年轻教师从教时间短,缺乏科研的相关经历,不知道怎样选择合适的科研方法,也不知道如何灵活地运用科研方法进行研究;还有的幼儿园因为没有足够地重视科研,缺乏相关的科研指导用书,致使教师无法开展科研工作。

在对教师进行"您常用的研究方法"问卷调查时,有205人选择经验总结法,占50%;有79人选择问卷调查法,占19%;有63人选择访谈法,占15%;有68人选择实验法,占17%;有29人选择文献法,占7%;有150人选择观察法,占37%;有71人选择行动研究法,占17%;有93人选择个案研究法,占23%;有29人选择叙事研究法,占7%;有102人选择案例研究法,占25%。从而可以看出大部分幼儿教师对科研方法的认识和运用比较单一、片面,真正将这些研究方法运用在课题研究之中的教师并不多。他们没有从问题研究的实际出发选择相应的科研方法,更多地注重日常教育教学中的经验总结法,而忽略了研究的实质是根据工作中产生的问题而开展的一系列深入的、持续的、有针对性的研究。

4.对课题研究成果认识比较简单

因为缺乏对科研方法的认识或认识不全面,导致教师们对课题研究成果的认识比较简单,认为搞科研的最终成果就是能写论文、发表文章就行了。教师们认为科研过程不过就是纸上谈兵,只要多看书,搜集一些与课题相关的"资料",最后东拼西凑成一篇文章去发表、获奖就好了,对教师实际教学工作的指导意义不大。其实,论文只是科研成果的一种表达方式,而案例、叙事、记录、反思等都是科研活动的重要载体,教师们通过这些载体的研究,可以及时梳理出有用的经验方法、有效措施等运用于实际教育教学中,又可以在日常教育教学工作中关注幼儿的发展,促进幼儿更加富有个性化地成长。可见,教师们把科研成果中最有应用价值的部分忽略了。

(三)基本认同幼儿园教科研

选项	人数 （人）	百分比 （%）
不现实，因为幼儿园教师的职责是教好孩子，管好孩子，没必要搞科研。	24	5.9
能力不够，搞科研是科研机构和专家的事，幼儿园教师能力有限。	72	17.6
时间不允许，幼儿教师每天早出晚归，时刻都和孩子一起，没有时间去看书写论文。	76	18.6
有必要，可以提高教师的理性教育水平和教育行为，同时也改善了自己的专业知识结构。	325	79.7
有必要，教师有压力才有动力，教师从事科研才能迫使教师去看书学习，学会教学反思，对促进幼儿教师的观察能力、反思能力、总结提炼能力等方面均有很好的助推作用，也有利于幼儿园的发展。	260	63.7
有必要，要成为一名优秀的幼儿教师或幼儿园园长，其教育行为是关键，而教育行为的更新和优化需要科研过程。	254	62.3
有必要，但苦于不知道如何进行科研，没有头绪，不知道方法。	163	40.0

从问卷可以看出大多数老师认为幼儿教师开展教科研有意义，也有必要。他们认为教科研能促使教师学习、反思，能提高教师的理论水平和扩展专业知识，优化教育行为，同时也能促进幼儿园的发展。幼儿教师从事教科研是一件对幼儿、教师和幼儿园都有利的事情。一部分老师在尝到了研究的甜头之后，开始喜爱教科研。

同时我们也可以看到，还有约1/5的教师们对科研的意义并不完全了解，或者说不认同幼儿园老师做教科研。究其原因：

第一，一部分老师认为一味按部就班地开展日常教育教学就可以满足幼儿、幼儿园发展的需要，忽视了社会的发展性、幼儿的差异性等多方面变化，从而缺乏一定的研究意识。

第二，有老师认为教科研就是写文章，造概念，对幼儿的发展没有意义，对幼儿园的发展也没有任何促进作用。在问卷中"时间不允许，幼儿教师每天早出晚归，时刻都和孩子在一起，没有时间去看书写论文"有76人选择，占18.6%。有老师甚至说："教科研是点缀幼儿园门面的花瓶。"确实在现在的幼儿园教科研中,也有浮躁的现象,一些所谓的教科研只关注了文本资料,老师把教科研等同于笔头工作,而忽视了教育实践改进问题,让自身陷于文本的编写中,而看不到自己的成长,这也滋生了幼儿教师对教科研的"不思进取"。

第三,一部分老师把教科研看得太高深。一些老师把幼儿园的教科研等同于高校学者的研究,甚至是理论研究。认为自己再怎么做也很难得出教育规律,做教科研也就只能重复别人的话而已。其忽视了实践者的教科研与理论者的教科研的本质差异。后者关注理论,得出一般规律,而前者更关注应用的研究、实践层面的研究,通过研究实现教育教学的改变。

(四)幼儿教师的教科研意识薄弱

意识决定行为,教科研意识是教科研的前提,教师若能经常以教科研的视觉去观察、分析和解决问题,以自己的教育活动为思考对象进行反思,对自己做出的行为和决策以及由此产生的结果进行审视和分析不仅可增加教育教学工作科研含量,丰富理论,还能使教学工作少走弯路,多出成果,提高教育教学质量和效率。在调研中,很多幼儿教师以为做科研就是写文章,根本不懂得教科研是一个从选题、论证、立项、制订计划、调查研究和实验观察到结论形成、报告撰写、论文发表,不断探索和不断总结提升的过程。

通过研究人员的走访和问卷调查发现,虽然大多数教师具有教科研的意识,但在参与教科研时还存在诸多问题。由于社会对幼儿教师科研能力要求的不断提高,幼儿教师的科研意识也在不断增强。但事实表明,真正能够参与教科研的幼儿教师仍相对比较少,城乡之间、地区之间、校际的发展还不平衡,多数课题和实验研究集中在少数基础条件较好、领导比较重视的幼儿园里。相反,很多农村幼儿园、乡镇幼儿园的教师专业素养低,自信心不足,虽然有一定的科研意识,但科研知识和科研能力缺乏,再加上对幼儿教育研究前沿了解甚少,以及设施和资金的不足,所以无法进行教科研。具体体现在以下几个方面:

1.教师缺乏正确的教科研的意识

通过调查可以看出广大教师对于教科研价值认可程度较高,但仔细分析便可发现教师对教科研工作还普遍存在以下两方面的片面认识:一是教科研高不可攀。调查显示,在许多教师的眼中:①教科研非常神秘,非常深奥,只有那些专门从事教育研究的高级专家才能搞出成绩,而自己理论知识薄弱,水平低,方法生疏,接触面窄,缺乏研究的能力,不知从何入手。②教科研与己无关。不少教师认为,"教"是自己分内的事,不干不行,"研"是专门教研机构和专家的事,可干可不干。有一部分的幼儿教师觉得"根本没有必要",认为教科研工作是属于那些脱离教育实践的专门教科研人员的工作。似乎教师的唯一职责就是教书育人,搞科研与己不相干。③搞科研会耽误时间,分散精力,影响教学质量,从而把科研和教学对立起来,认为两者不可兼得。二是教科研简单化。调查中还显示出许多教师认为从事教科研、搞科研课题并不难,这些教师把教科研工作当作写写论文、造造计划、编编过程、做做总结的造假工作,认为所谓的科研过程不过就是走走形式,只要多搜集些"资料",然后套用特定的"模式"再拼拼凑凑、剪剪贴贴成几篇文章便可大功告成。应该说,认识和实践上存在的误区是束缚教师投身教科研的主要障碍,如不能及时纠正,将直接影响幼儿园教科研工作的正常开展。

2.有一定的科研意识,但主动性不强

教科研意识是幼儿教师进行教科研的前提。调查发现,在问卷"您是否具有较强的科研意识?"中,有159人"具有较强的科研意识",约占39.0%;有226人"具有一点儿",约占55.4%;有23人"不具有",约占5.6%。而从访谈中得知:有的教师搞科研,只是单纯地为了晋级、晋职,而不注重过程的研究和成果的运用,最终有文章发表就行了;有的教师不知道如何选择课题,对研究方法不了解,不知道怎么做研究;有的教师不善于记录研究过程,无法梳理出科学的有益的研究成果。这些因素导致教师们有一定的科研意识,但是主动性不强。

正如一个园长所说,"当我发起话题后,老师们的热情并没有我想象的那样高,教研氛围比较沉闷。有的老师缺乏自信,担心说错不敢说;有的老师不肯发言,如同一位旁听者;有的老师不喜欢动脑筋,一味附和别人的观点;有的老师会找出议题中现实存在的客观困难,将话题越扯越远;有时则变成了抱怨和发牢骚,使教研活动难以起到实质性效果。这样,教研就成了园长、业务园长、教研组长和骨干教师的一台独角戏。"

3.有初步的责任感,但实施过程中难坚持

受各种因素的影响,一线幼儿教师纷纷涉足教科研,但大部分是"乘兴而来,败兴而归",他们被无效的教科研困扰:一些幼儿园教师虽具备了一定的科研意识,但普遍觉得做教科研难度非常大,认为自己缺乏对教科研知识的系统学习,不知道如何开展。所谓教科研知识是指幼儿教师开展教科研必须具备的基础知识。在访谈中,多数教师都只是跟着幼儿园的园长或教科研组长开展教学研究,只有少数教师参加过教科研方面的培训或相关的研讨活动,很少有教师系统地参加过"学前教科研方法"方面的课程,对科研课题的撰写、申报、评审等相关工作知之甚少。在问卷"您平时善于思考和善于积累学前教育专业方面的问题吗?"中,有99人"非常善于选择",约占24.3%;有282人"比较善于选择",约占69.1%;有25人"不善于选择",约占6.1%;有2人弃权,约占0.5%。

幼儿教师作为幼儿园教育教学工作的主要承担者,工作任务重,细节性强,幼儿的一日生活教师都要仔细关注。而教科研在外部力量的强压下,成了重笔头的工作,让很多幼儿教师不堪重负。

> 我每天要提一个问题,每星期要写一篇反思文章,每个月要做一个案例;我要从早上7点半跟班到下午4点半;我要制作课件;我要写出每一个孩子的发育情况……我天天写,利用中午写,利用晚上写;我要抽时间陪孩子,照顾家,还要自学。我只知道忙,忙,还是忙。可我在忙什么呢? 我自己也不知道。工作,只能一次一次地偷工减料;孩子哭,丈夫闹,家里乱糟糟;考试成绩不及格,只好再重考。
>
> ——转引自朱家雄《给幼儿园教师"松绑"》

整体上来说,教师们的教科研意识淡薄,教科研能力比较弱,教科研方法也较贫乏,再加上教师们不善于思考和积累学前教育专业方面的相关知识和把教科研高深化,认为搞科研只是教育理论工作者和教育专家的事,是高深莫测、很难做到的工作,搞科研是对教师额外的负担,或把教科研简单化,认为能写出文字、发表文章就是搞科研等观念和意识都是错误的。这些教师没有真正认识到什么是教科研,也没有意识到教师是教科研的主力军,从事教科研是每一位教师的工作。因此,教师们虽然有了初步的责任感,但是在实施过程中难以顺利

开展,导致研究进程缓慢或中途放弃。幼儿教师开展教科研多是受到制度、要求、考评等外部压力而为之,缺乏自身的专业需求,为完成任务而研究,而不能从中体会到研究、专业成长带来的快乐。而随着社会对幼儿园质量和幼儿教师素质的关注,教师们肩上的压力就显得越来越大,还有不少教师已经处于亚健康状态,工作意识消极,工作态度被动,也导致教师在教科研活动中愉悦感不强。

二、幼儿教师从事教科研的动机问题

长期以来,多数幼儿教师对本职工作缺乏专业感、缺乏以专业人员标准要求自己的方向感,动机不强,积极性不高,是幼儿园教师教科研的普遍现象。要让教科研工作成为幼儿教师的自觉行动,从"教科研就是写论文、做课题,理论要有'高大上'"中解放出来,回归到它关注教育实际问题解决的朴素追求,并在此基础上将改进工作和完善自我统一起来。不少幼儿教师做教科研或者说参与做课题不是出于研究教育教学的目的,而是为了满足评职称,评模评先的需要。

(一)幼儿教师教科研动机解析

动机(motivation)是指能引起、维持一个人的活动,并将该活动导向某一目标,以满足个体某种需要的念头、愿望、理想等。心理学家把凡能引起个体动机并能满足个体需求的外在刺激称为"诱因"。引起动机有两种条件:一是内在条件,是因个体对某种东西的缺乏而引起的内部紧张状态和不舒服感,即产生了"需要";二是外在条件,是个体之外的各种刺激,如外在物质因素等。行为可由需要引起,也可由外在的"诱因"引起,但往往是内在条件和外在条件交互影响的结果。在某一时刻最强烈的需要构成最强的动机,而最强的动机决定行为。

动机对于个体的活动具有很大的影响,动机一般分为两类:第一类与身体的生理需要有关。这些动机是生来就具有的,可称为原始性动机,或生物性动机,或生理性动机,包括饥饿、渴、性、睡眠、温冷、解除痛苦等。第二类与心理和社会需要有关。这些动机是经过学习获得的,可称为社会性动机或心理性动机,包括友谊、爱情、亲和、归属、认可、独立、成就、赞许等。按照此类标准,教师的教科研动机则应该归属于社会性(或心理性)动机,可将其理解为驱动教师积极参与教科研活动的心理动力,具体表现为教师的教科研积极性、教科研态度以及教科研行为。教科研动机在教师教科研活动中发挥着主导性和制约性的功能,其正确与否、强度大小会直接或间接地影响着教科研态度的优劣、教科研内容的确定、教科研原则的把握、教科研方法的选择以及教科研创造性的发挥,最终影响教师的教科研成效。

动机具有三方面功能:一是激活功能,可以推动个体产生某种活动,促使个体积极、主动、投入地参加活动,增加个体活动的持久性和长效性;二是指向功能,在动机的支配下,个体的行为将指向一定的目标和对象,促使个体积极地完成活动任务,达成预期的目标;三是维持和调整功能,当活动产生后,个体是否能够继续坚持进行下去,同样也要受到动机的调节和支配,如活动指向个体的预定目标时,相应的动机便会得到强化,反之,当活动背离个体的预定目标时,相应的动机得不到强化,导致活动积极性的降低甚至使活动完全停止。当前,"教科兴教""教科兴园"已成为教育界的普遍共识。教科研是振兴教育事业、促进教师发展的有效途径。教师教科研的动机直接关系到教科研的成效,把握教师的教科研动机能够更好地激发教师进行教科研的积极性,切实提高教师的教科研成效。依据教师的心理需求,可以将教师的教科研动机分为几下几种:

1. 为了服从上级安排

教科研是教师的工作之一,而当教科研成为一项自上而下的任务时,教师此时所产生的则是"为了服从上级安排"的被动动机。以这种动机为初衷的教科研在行为目标上,以能够完成本次任务为目标,教科研成效的实用性和科学性则不在其目标行列;在行为方式上,教科研流于形式,教师容易草草了事,不能主动进行切实的教科研研究;行为强度会随着任务的进程而逐渐减弱。

2. 为了获求教育实效

理念的落伍、策略的不当、效果的缺失是大多数幼儿教师经常面临的教育现实。为了改变教育现实,教师们相信通过教科研,可以转变教育理念、优化教育策略,并达到改善教育效果之目的。由此产生的教科研行为,则以改善教育效果为价值取向。在行为目标上,以寻找有效的教育策略,改善教育效果作为教科研目的;在行为方式上,能针对教育的现实问题,主动开展在教育理论指导下的教育改革;在行为强度上,会随着教师主观意义上教育效果的改善程度而变化。

3.为了提高自身素养

教师通过教科研提高自身的知识水平与教科研素养也是其体验成功、获得工作成就感的途径之一。由此,也会激发教师开展教科研的热情,产生教科研的行为。显然,这类教科研是以满足教师自身的"学术"成就为目的的。由此开展的教科研:在行为目标上,往往以教科研的成效以及自身体验作为教科研目标;在行为方式上,能够不断主动吸取教科研知识,并通过切实的教科研行为不断提高自身的知识贮备水平和能力;行为强度容易随自身思想的主观变化而产生变化。

4.为了获取个人功利

目前,教师职务的评聘,某些荣誉称号的评选,对教师的教科研水平或论文的发表或获奖情况均有一定的要求。这在一定程度上调动了教师教科研的积极性。但是,由此也会产生一种以"教师职务的评聘,荣誉称号的评选结果为价值追求"的教科研。在这类行为动机推动下的教科研:在行为目标上,以教师晋升、评优等功利性目标的实现作为教科研目的的达成;在行为方式上,更容易出现"重论文写作、重成果包装"的行为倾向,个别教师还会利用非正常手段,以达到论文发表、获奖的目的;行为强度往往由教师自身对"功利性目标"追求的迫切程度决定。

当然,教师从事教科研的动机不可能只有一种,它通常是由若干种动机综合形成的,只是不同动机在整体动机当中所占比重不同而已。

(二)幼儿教师教科研动机的分析

根据回收的问卷,对 M 市幼儿教师的教科研动机进行了统计与分析。首先,本研究对教师是否需要教科研进行了统计,结果如图2-1。

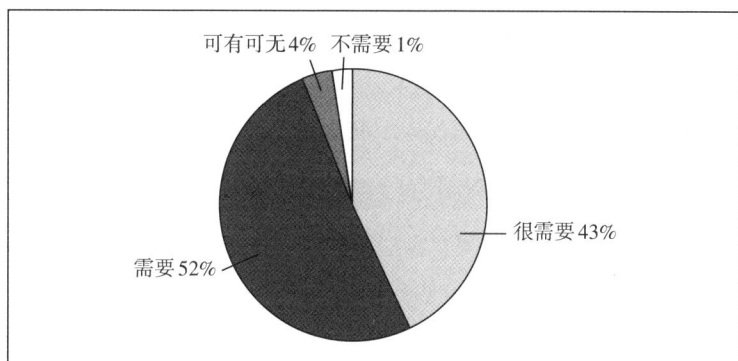

图 2-1　教科研需求百分比统计图

从图 2-1 中可以看出,有 95% 的教师对教科研工作都处于需要状态,仅有 5% 的教师认为教科研工作"可有可无"或"不需要"。这反映出了整体上 M 市幼儿教师的教科研工作还是处于主动的状态。同时,详细调查了 M 市幼儿教师参与教科研工作的动机,统计结果如图 2-2 所示。

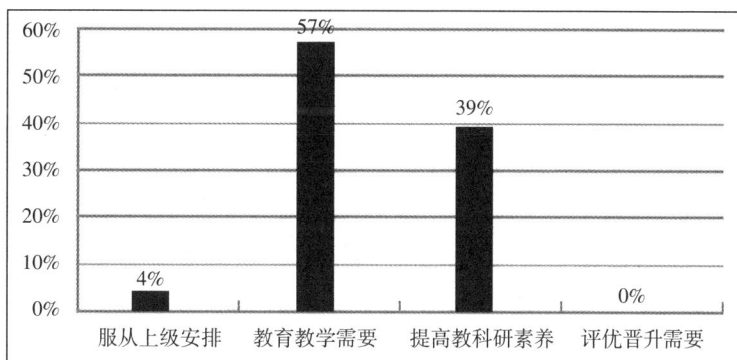

图 2-2　幼儿教师教科研动机百分比统计图

从图 2-2 可以看出,有 57% 的教师进行教科研工作是自身教育教学工作的需要,39% 的教师是为了提高自己的教科研素养,仅有 4% 的教师进行教科研工作是为了服从上级安排,被动地开展,而"评优晋升"这种功利性的动机没有教师选择。动机的统计结果与图 2-1 中的统计结果相符合,进一步说明了 M 市幼儿教师进行教科研工作比较积极和主动;但同时,还是有一小部分教师是被动参与教科研工作的,容易产生对教科研工作的抵触情绪,影响自身教科研工作的效果。

虽然大部分教师在教科研动机上选择了"教育教学需要"和"提高教科研素养",但不同教师所做的选择大多是不一样的,掌握不同教师的教科研动机,更有利于政策制定者以及幼儿园领导对教师进行进一步的教科研引导和激励,也有利于教师对自身进行调节,提高自己参加教科研工作的主动性和积极性。所以本研究将从不同教龄(即5年及以下教龄、6-10年教龄、11-15年教龄、16-20年教龄、20年以上教龄)和不同级别幼儿园(即一级园<含示范园在内>、二级园、三级园)这两个角度来进一步统计和分析M市幼儿教师的教科研动机。

1.不同教龄幼儿教师教科研动机分析

选择"服从上级安排"的为16年教龄以上的教师。较为年轻的教师,或许会比较期待参加幼儿园的教科研工作,努力提升自身的各个方面,而教龄16年以上的教师,由于各方面的原因或许会对教科研产生倦怠感,被动地参与教科研工作。但是,选择这个教科研动机的教师仅有16人,仅占所有教师总数的4%。

选择"教育教学需要"的教师当中,教龄在5年及以下的教师人数最多,有95人;其次为6-10年的教师,人数为57人。5年及以下教龄的教师基本还属于"新手期教师",所以他们迫切需要通过教科研提高自己的教育教学和科研水平。而6-10年教龄的教师正逐渐成为幼儿园的骨干,所以,也期望通过教科研进一步提高自己的教育教学水平;同时,该阶段的教师选择"提高教科研素养"的人数所占的比例也较大,这也符合他们想努力提高自己能力素养,努力向骨干教师靠拢的期望。

11-15年教龄的教师选择人数较多的动机为"提高教科研素养",其次为"教育教学需要"。该阶段的教师已拥有丰富的教育教学和科研经验,在教育教学上所遇到的问题可以通过同事交流或自己思考解决,所以他们较多选择了"提高教科研素养",期望通过教科研工作提高自身的素养,从而也推动教育教学以及科研工作的顺利进行。

16-20年教龄以及20年以上教龄教师,在"教育教学需要"和"提高教科研素养"方面选择的人数也较多。这充分说明了经验丰富的教师仍然没有放弃自己在幼教事业上的追寻和发展,仍然在努力学习和提高。

2.不同级别幼儿园教师教科研动机分析

一级园的教师所选"教育教学需要"这个动机的为81人,选择"提高教科研素养"的为67人。二者之间差别并不大,这说明了一级园的教师既期望通过教科研解决在教育教学过程中遇到的问题,进一步提高保教质量,同时也期望通过教科研提升自己的教科研素养,从而进一步促进教育教学和科研工作的进行。

二级园的教师大部分选择的是"教育教学需要",这反映出了二级园的教师较为注重教育教学工作的质量,所以期望通过教科研工作发现问题、解决问题、学习知识方法、提高教育教学质量。另外,有9位二级园的教师选择了"服从上级安排"这一动机,这反映出了也有教师对教科研工作存在倦怠心理,只是被动地进行教科研工作。

三级园的教师同一级园教师一样,选择"教育教学需要"和"提高教科研素养"这两类动机的人数差别不大,分别为56人和59人。这反映出了三级园的教师同一级园教师一样,在努力提高教育教学工作水平的同时,也期望通过教科研提高自己的素质。但是,三级园教师当中也存在对教科研的倦怠心理,有6人选择"服从上级安排"这个被动的教科研动机。

三、幼儿教师从事教科研的时间问题

幼儿教师的日常教学与教科研时间协调困难,教师们总感觉日常教学工作与科研相冲突。幼儿园教师的日常教学工作繁重,突然增加庞大、复杂的课题研究任务,往往使得他们不知如何协调彼此的关系,因此在工作中常常产生顾此失彼的问题,如在做科研工作的同时不知如何保质保量地完成教学任务,不知如何恰当分配用于教学与科研的时间和精力,不知如何把课题研究融入五大领域课程和幼儿一日生活。[①]

---

① 曾莉,彭丰,申晓燕.幼儿园教育科研中的普遍问题与应对[J].学前教育研究.2012(4):64—66.

实际上,教科研是和教学工作密不可分的,在时间上甚至是可以同步进行的。这里说一个案例,一名教师在对自己班级的阅读区进行跟踪观察研究后,无比感叹地说:"以前我们班阅读区没有多少孩子去,属于冷门区,我一直以为是家庭原因,因为我们班孩子的父母以进城务工人员居多,家庭没有读书的习惯。在和孩子交流后才发现,很多书他们看不懂,图书太少,不能交流的规定也束缚了他们的活动。于是我和家长一起更新图书,对投放进阅读区的图书进行筛选;改变阅读区的规则,允许幼儿小声交流;并在展示活动中鼓励幼儿分享。慢慢的,阅读区就成了我们班的热门区。"

教科研活动能直接提高教师们的业务素质、间接地提高教师的职业道德素质、增强集体凝聚力、培养教师教科研活动能力,幼儿教师若能以科研的视角去观察、分析和解决问题,不仅可以增加教育教学工作科研含量,丰富理论,还能使教学工作少走弯路,多出成果,从而大大提高教学质量和效率。

四、幼儿教师从事教科研的选题问题

提出问题是从事教科研的基础,研究是需要问题来推动的。问题意识的缺失是制约和影响教师从事教科研的一个关键因素。生活于教育实践场的教师有从事教科研的天然优势。爱因斯坦曾说:提出一个问题比解决一个问题更重要。研究的问题哪里来?可从教育教学的疑难中寻找问题、从具体的一日活动场景中捕捉问题、从各领域课程实施中发现问题、从教师们的研讨中生成问题。而且所选问题具有新意,能解决现实问题,换句话说,选题要具有理论价值和应用价值。

教师的生命力来自教科研。教师的教科研能力表现为教师在实际的教育情景中,针对具体的教育现象发现问题,开展研究,并在实践中运用、调整的能力。当前幼儿园教科研中普遍存在选题盲目不清的问题。目前很多幼儿园没有正确分析幼儿园现状,就盲目开展各种教科研项目,主要表现为:脱离本园教学现实,盲目跟风他人的科研项目,选题太大或范围太广,缺乏针对性,把科研课题指向幼儿园的升级或教师职称评定,有的选题甚至是来自上级的要求,根本不考虑幼儿园实际,不以实际应用研究为主,不考虑幼儿园教科研条件等。

经过多年的实践,教师们已经有了初步的教科研能力,但是开展教科研工作依然困难重重。根据调查,绝大多数老师(93.8%)都认为自己善于思考和善于积累学前教育专业方面的问题,在确定选题能力上16.7%的老师认为自己做得很好,63.8%的老师认为自己做得一般,而19.5%的老师认为自己做得很差。也就是说大多数老师有发现问题的能力,也有一定的选择问题的能力,只是在选择后感觉有些把握不准。一项关于幼儿教师科研能力的研究发现,有79.2%的被调查者自选经验总结类的题目;有4.6%的被调查者根据专家的建议选择选题;有10.8%的被调查者探讨幼教理论方面的问题。也就是说,大多数幼儿教师能针对实践提出问题,而这些问题更多指向经验总结类。

从目前的教科研活动来看,已经从事务性的、观摩性的活动逐渐走向专题性的研修活动,很多教科研活动都有清晰的,可研究、可操作的问题。但是另一项研究发现,大约只有一半的教师在教科研活动中提出过研讨问题,也就是说有一部分教师在实践中可能发现了问题,却没有进行研究,或者说没有得到教师群体的研究支持。

五、幼儿教师从事教科研的内容与形式问题

在各类教科研培训和实践中,教师更希望得到实践的指导和教育能力的提升,而不是理论方面的丰富。也就是说,在纯粹以一线教师为培训主体的教科研培训中,教师更希望探讨实践层面的问题。教师在教学实践中的问题还有很大一部分没有带入到教科研的学习与开展中,不能成为专业发展的增长点。

(一)教科研内容问题

幼儿教师从事的教科研主要是以幼儿园游戏与教学面临的具体问题为对象,以幼儿教师为研究主体,以促进幼儿健康、活泼、充分发展,促进教师专业成长为目的的研究活动,即教研科研问题主要涉及幼儿教师和幼儿教与学中的实际问题,而不包含不可操作的理论问题。曾经,幼儿园教师的教科研活动内容主要局限在教师们一起进行文章学习、观摩优秀教学活动、专题讲座、年级组集体备课、教育教学疑难问题探讨、骨干教师示范活动、听课评课、参与课题研究

等。这些教科研内容虽然来自教师一线的实际工作需求,但教科研主题不够鲜明、内容零散,计划性、针对性、持久性和系统性不强。很多是以管理者的身份所观察到的问题,管理者往往忽视教师是否真正感兴趣,缺乏研究的认同与共鸣。

教科研的意义首先是促进幼儿发展、促进教师发展。因此,教科研的内容应该紧密结合孩子发展和教师专业发展的方方面面,也就是说教科研内容是十分丰富的,在幼儿园教育教学工作中,教师面对的问题和困难层出不穷。凡是幼儿园教育教学中出现的问题和现象都可以成为教师研究的对象,以解决幼儿园在改革中面临的具体问题。但是幼儿园教科研内容目前存在很多问题:一是教科研内容缺乏针对性,缺乏要解决的问题的聚焦性;二是主题不够新鲜,计划性、持久性和系统性不强。

(二)教科研形式问题

1.以自主研修、日常教研为主,教科研课题有待普及

教师是影响教育质量的核心因素,在关注幼儿教育质量的今天,各方对教师的培养都尤为重视。在幼儿园层面,大部分幼儿园除了鼓励教师参与各个层面的培训之外,近年来,以自主研修、同伴合作、专家引领为主要特征的园本教研得到普及。大多数幼儿园都有相关的教研制度,有固定的教研活动时间。日常教研活动形式也丰富多彩,比如研讨、观摩、课例分析、专题研修、参观、技能培训、读书分享、网络研修等。另外,为促进教师主动发展,备课、教学反思、观察记录等成为教师发展的有力支持。教科研课题在幼儿园还没有普及,还属于"贵族活动"。在M市只有示范园和部分一级园申报有科研课题,二、三级园几乎没有科研课题,从调查来看只有不到50%的教师参与了科研工作。

2.以教育实践问题为主,缺乏理论导航引领

园本教研打破传统的自上而下的教科研形式,以教师自身实践中的问题为起点,以促进教育实践的发展为目的开展研究,有效地促进了一线教师的自我发展。园本教研的推进让教师的教科研偏向实践。

案例:××幼儿园××学期教研计划

一、指导思想

本学期我园以素质教育为宗旨,继续学习、贯彻《3-6岁儿童学习与发展指南》精神,积极开展教改实践,加快推进教师专业化进程,使我园的幼儿教育有新的发展和提高。

二、主要工作及具体措施

(一)坚持理论学习,树立先进的教育理念

1. 继续组织教师学习《指南》,深刻领会并认真贯彻其精神。

2. 继续组织教师积极参加区教育单位的有关文件学习和政治学习。

3. 结合教育教学实践进行学习,在理论与实践的互动中,达到观念与行为的统一,如:利用教研活动,结合本园实际和教师已有的经验,利用典型的教育教学案例,进一步讨论、反思、提升。

4. 鼓励青年教师参加进修,不断充电、进取。

(二)改善教学管理,抓好各项常规工作

1. 进一步确立以人为本的管理理念,尊重、信任每一位教师。

2. 尽量为教师提供自我决策、自我实践的空间,提高教师工作的主动性,以及对教师的信任度。

3. 重视骨干教师的培养,打造团队精神,促进共同发展。

4. 积极参加区组织的各类观摩活动和比赛,提高教师的教育教学能力。

5. 加强班级管理,并进行定期、不定期的抽查、互评。

6. 重视环境的创设,尽力为幼儿提供合理的愉悦身心的物质环境和心理环境。

7. 继续完善幼儿成长档案的内容,增加对幼儿的家访记录、电话联系记录等具体内容。

8. 组织幼儿的一日活动,合理安排幼儿的户外活动,使幼儿体魄强健。

(1)早操时间:小班:8:45,中班:8:30,大班:8:00。

(2)要求每班幼儿回园即到大操场进行器械活动或设施活动。

(3)本学期要求大班抓好跳绳、拍球和投掷项目,中班抓好拍球、快速30米跑项目,小班抓好单足立,单、双跳项目,学期末进行检查。

9. 重视培养良好的生活、卫生、学习及行为习惯,树立为幼儿终身学习和发展做准备的理念。

(三)深入幼教改革,做好教科研工作

1. 有计划地组织好每周一次的教科研活动,并做好详细记录。

2. 建立相对稳定又有弹性的活动课程,有计划地开展各类游戏。

3. 尝试生成课程,强调综合性,生成和预成相结合,依据实际情况,调整活动的进程,重视幼儿的观察记录和教师的反思。

4. 鼓励教师撰写各种案例及反思,争取有所收获。

从幼儿园的教研计划看,教科研和教育教学的确是紧密相连的,把理论学习、教学实践、课例研讨、活动反思、观察记录等多种教科研形式相结合,以实践作为出发点和归宿。目前幼儿园教师进行的教科研改变了传统的自上而下的教研活动模式和教师遵从、被支配的地位,让教师成了研究和实践的主体,在实践中探索,增长智慧。这是目前幼儿园教科研对于幼儿教师专业发展以及教科研能力发展的促进与推动。但是,教师在实践中所发掘的问题往往也过于零散,教师在总结和分类问题时也缺乏一定的理论引领,所以,这也导致了教师在针对实践问题进行探讨研究时往往耗时多,重复多,一类问题分两次进行研究,增加了教师的日常负担。

3.以全员参与为主,教科研主动性有待加强

经过多年的发展和园本教研的推进,几乎每个幼儿园都有固定的教研活动时间,全体教师都参与到教研活动中。教研活动成为教师专业成长的重要平台。幼儿园也要求教师写反思、观察记录、读书心得等,让每一名教师参与到教科研中来。

但是教师参与的主动性不足。普通教师在教研活动中话语权缺失、角色边缘化的情况比比皆是。一般教研活动的时间、主题、形式都是由领导、教研组长和骨干教师提出的,部分教师从来没有在教研活动中提出自己的问题,也极少发表意见。大约一半的教师通常作为倾听者或观摩者参与到教研活动中,很少有教师会提前准备,参与对话,更多的老师不太愿意作为献课教师、发言人或主持人等核心角色。也就是说,约一半的教师在共同体活动中更多是作为边缘化的参与者。

目前也有很多幼儿园规定在教科研活动中教师都要发言,但是在实际的教研活动中,很多普通教师由于没有提前做准备,对话题不了解,很难参与到对话中,让教研有实质性的发展。

六、幼儿教师教科研方法问题

教科研方法的选用直接关系到教科研的科学性和有效性。随着幼儿园教科研的深入发展和有关教科研培训的开展,幼儿教师对各类科研方法逐步有了一定的了解,并且在研究中会根据问题选择研究方法,这对教师教科研提供了支持。

表2-1　幼儿教师知道的和常用的科研方法

	知道的科研方法	常用的科研方法
A.经验总结法	79.4%	50.5%
B.问卷调查法	63.7%	19.4%
C.访谈法	49.0%	15.4%
D.实验法	61.0%	16.7%
E.文献法	37.5%	7.1%
F.观察法	58.3%	36.8%
G.行动研究法	46.1%	17.4%
H.个案研究法	58.8%	22.9%
I.叙事研究法	27.7%	7.1%
J.案例研究法	53.9%	25.0%

(一)多采用质性研究方法

从表2-1可以看出,教师了解最多的教科研方法前三位是经验总结法、问卷调查法和实验法,而使用最多的教科研方法则为经验总结法、观察法和案例研究法。也就是说虽然教师们对质性研究和量化研究都有一定的了解,但是在操作中却更多地选用质性研究的方法。进一步访谈发现教师的观察也是以描述性的观察为主,即对感兴趣的事件进行记录、分析和反思,而较少会涉及时间抽样、检核表、等级量表等量化的观察法的使用。

究其原因,一是质性研究的方法可以更好地和日常教学、教研相结合,教师对自己感兴趣的事件、研讨的专题或者需要剖析的课例进行记录、分析和总结,以达到反思和总结的目的。因此,经验总结、观察和案例研究这三种方法往往也是密不可分的,综合运用的。二是因为教师缺乏研究的能力,很多研究方法都需要事先进行精心的设计,收集大量的资料,进行科学的分析,而老师在进行教科研时缺乏相应的投入,以经验为前提进行分析和反思,就成为"经验总结法"。

(二)教科研设计不足

总体来看,教师的教科研具有随意性,而且缺乏设计性。

表现之一就是文献法的缺失,文献法也称历史文献法,就是搜集和分析研究各种现存的有关文献资料,从中选取信息,以达到某种调查研究目的的方法。千百年来,丰富的教育文献资料积累了无数有关的教育事实、数据、理论、方法以及科学假设和构想,成为人类宝贵的精神财富。教师在开展教科研时较少查阅文献资料,对已有研究成果进行总结、分析和借鉴,而存在闭门造车之嫌。那么在教科研的科学性和发展性上就可能存在一定的阻碍。

表现之二就是行动研究法和叙事研究法等方法使用较少。这两种方法都属于质性研究方法,但是在教科研设计上要求高一些。比如,行动研究法是指教师在教育教学实践中基于实际问题解决的需要,与专家合作,将问题发展成研究主题进行系统的研究,以解决问题为目的的一种研究方法,同样是指向实践的研究,但是由于它的系统性和长期性,采用的教师较少。

表现之三就是问卷调查法和实验法运用较少。这两种量化研究需要较严密的设计和统计分析,对教师来说需要专门的设计,无论在时间还是在能力上都存在问题。

表现之四就是具体方法运用中存在设计不足。以问卷调查法为例,教师在设计中大多凭经验,而缺乏对问题的整体构架。如下面的"幼儿园调查问卷":

幼儿园调查问卷

尊敬的家长,为了使您的孩子在××幼儿园得到良好的服务,让小朋友在我园得到体、智、德、美的全面发展,并使我园保教工作做得更好,打造一支工作责任心强、服务质量好、教学质量高,充满爱心、细心、耐心、热心的保教队伍,因而需要您的支持和配合,给我们的工作提出宝贵的建议。

一、服务工作评价:(略)

二、教学工作评价:

1.您对孩子近来在卫生习惯、行为习惯方面的进步满意吗?

满意 □ 较满意 □ 一般 □ 较差 □ 建议:＿＿＿＿＿＿＿＿＿＿＿

2.您对孩子近来在性格和兴趣方面的进步满意吗?

满意 □ 较满意 □ 一般 □ 较差 □ 建议:＿＿＿＿＿＿＿＿＿＿＿

3.您对孩子的智力发展及接受知识能力的进步满意吗?

满意 □ 较满意 □ 一般 □ 较差 □ 建议:＿＿＿＿＿＿＿＿＿＿＿

4.您对××幼儿园的教学工作及特色课"××××"是否有好的建议和意见?

＿＿＿＿＿＿＿＿＿＿＿＿＿＿＿＿＿＿＿＿＿＿＿＿＿＿＿＿＿＿＿＿＿＿

＿＿＿＿＿＿＿＿＿＿＿＿＿＿＿＿＿＿＿＿＿＿＿＿＿＿＿＿＿＿＿＿＿＿

注:请家长在选择的"□"内打上"√",于指定时间将此问卷用信封装好交到老师处,如果家长对××幼儿园的服务有任何意见,可以写在该问卷背面或另附一张信纸。此问卷只由园长拆看,家长反映的问题,将限时解决。

班级:＿＿＿＿＿＿＿＿ 小朋友姓名:＿＿＿＿＿＿＿＿

日期:＿＿＿＿年＿＿＿＿月＿＿＿＿日

从这份调查问卷的设计来看,关于教学工作的评价主要是从幼儿的发展来进行的,但是这三项并不能全面概括幼儿的发展,也就说明在问卷的设计上缺乏对内容维度和结构的设计。进一步访谈发现,教师在设计问卷的时候一般是查找网络现成的问卷,然后小组进行集体讨论,筛选,而缺乏理论学习和顶层设计。这种现象在教师的教科研中非常普遍,也导致教师从现象到现象的研究,难以深入。

七、幼儿教师从事教科研的成果表达与物化问题

幼儿园有部分教师是刚参加工作的,从未参与过课题的研究,对此感到无

从下手,不明白科研工作到底该干些什么,甚至连研究的基本程序、基本要求都不懂,缺乏科研知识,对教科研方法的掌握和运用不熟悉。他们对教育理念的把握、教育问题及现象的分析研究能力还存在一些问题,很需要专业的引领。正是由于这些问题,教科研工作没有发挥出应有的引导教师专业发展、指导教育教学实践、探索新的高效教育教学方法、促进教师素质能力的提升、提高教育教学质量的功效,形成了为完成任务而进行课题研究的工作模式,缺乏主动性、积极性、创造性。

(一)成果类型丰富但提炼不足

教科研成果的表现形式是多种多样的。根据研究计划来分,教科研成果的表现形式大体可分为三类:第一类是科研论文和教科研报告等,包括学术论文和调查报告、实验报告、结题报告等研究报告;第二类是经验总结、教育日志、教育心得、教育案例等;第三类是能用于教育教学实践的手册、教材、教玩具等。

1. 论文报告类

这类成果一般在立项课题的研究中产生。随着课题的研究,教师需要完成开题报告、调研报告、中期报告、结题报告等,在这个过程中教师总结研究的成果,于是产生了一些有质量的学术论文。

(1)学术论文

学术论文是指在进行教育科学研究的基础上,对所获各种教科研成果进行文字叙述的理论文章,是反映教科研成果的主要形式。幼儿教师撰写学术论文,很多是对某学科领域中的课题进行探讨研究,如《管理伦理:示范性幼儿园办学的应然追求》即是对幼儿园理想管理进行理论研讨;或者根据自己的教育教学经验,总结出具有普遍意义的做法或思路,然后把它提升到理论的高度,如《幼儿园教育科研中的普遍问题与应对》正是幼儿园在实践中将自己的教科研经验进行梳理、总结、提升。

(2)研究报告

教科研报告是描述教育研究过程,反映教育科学研究成果的文章,是对教育研究工作的记录和总结,主要包括结题报告、调查报告与实验报告等。教科研报告可以作为公布于世的科研成果而加以应用,它在内容上要求提供新的事实和新的见解,在结论上具有科学性、独创性和可行性。从M市"十二五"教育规划2012年度立项的课题来看(表2-2),幼儿园立足本园开展的课题研究,所提供的报告对幼儿园课程建设、幼儿能力发展,以及对地方的政策制定都有一定的价值。

表2-2　M市"十二五"教育规划2012年度立项的课题(幼儿园部分)

课题名称	负责人	单位
防止和纠正学前教育小学化倾向策略研究	A	××××××××××
幼儿园良好行为习惯养成教育的实践研究	B	××××××××××
开发利用地域文化资源,推进"三爱"园本课程构建的研究	C	××××××××××
幼儿园体验活动课程的开发研究	D	××××××××××
基于作品取样系统的幼儿发展性评价的应用研究	E	××××××××××
儿童民间游戏在幼儿园课程中的应用研究	F	××××××××××
民办幼儿园建设研究	G	××××××××××
幼儿阳光体智能活动园本课程资源开发研究	H	××××××××××
培养农村幼儿园3—6岁幼儿普通话口语表达能力之研究	I	××××××××××

随着幼儿园教科研的深入发展,幼儿教师对研究方法运用逐步增多。调研、对比实验在幼儿园的研究中也不再是新鲜事。比如K区实验幼儿园的"3-6岁幼儿学习品质状况调查",某医科大学校直幼儿园的"大班幼儿稳定性关爱的调查",某汽车钢圈厂幼儿园的"废旧材料在建构游戏中的应用调查""如何有效在幼儿园开展民间体育游戏活动的实验报告""中班幼儿礼貌交往能力培养的实验报告"等都为研究和教学的改进奠定了基础。一些有价值的调研报告、实验报告有利于推进幼儿园教育教学的发展,并为政策提供依据。从中国知网(CNKI)上有关数据来看,近两年,来自幼儿园的调查报告有多篇得以发表,比如鞍山某幼儿园的《鞍山市3所幼儿园4-6岁幼儿饮食行为调查》、漳州市某幼儿园的《幼儿社会适应能力及家庭影响因素的调查研究》等。

2.经验总结、教育日志、教育心得、教育案例等

这一类的文章撰写和教师的日常教育教学工作紧密联系,是一般教师最熟悉的。经验文章和教育案例在日常教研中都会用到,是幼儿园促进教师反思,提升教师能力的重要途径。

经验总结是教育实践工作者经常采用的教科研成果表达形式。幼儿教师每工作和学习一段时间,比如到了学期末,都要对前一段时间的情况进行全面的反思和回顾,肯定成绩、找出不足,分析原因,吸取经验教训,以利于今后工作的开展;或者经过实践和思考,对某个专门问题有了一定程度的把握,把这样的东西写成书面材料。每个幼儿园期中、期末进行的工作总结,是工作成果也是典型经验,可以作为他人学习和借鉴的范例。

教育日志、教育心得实际上也属于经验总结类的文章,它可以包括心得体会、教育随笔、杂感、评论等。这种成果篇幅更短小,形式更灵活,问题更突出,题材来源更广泛,在行动研究、叙事研究被大力提倡的今天,越发被幼儿教师们所重视,开始发展成一种较稳定的形式——教育案例。教育案例就是一个包含着疑难问题的实际情境的描述,是一个教育实践过程中的故事,描述的是教学过程中"意料之外,情理之中"的事。

当前,幼儿园教科研的成效存在一种普遍认同:效果不佳,成效低下。郑金洲教授曾撰文指出,中小学幼儿园教科研存在有行动无研究、有研究无成果、有成果无转化、有方法论无具体方法、有定性无定量、有叙事无提炼等基本问题。许多幼儿园轰轰烈烈地开展教科研工作,从表面上看,教科研在幼儿园是一派繁荣、硕果累累。但事实上,在这些美丽泡沫的背后,真正意义上的教科研少之又少,有些幼儿园完成了某项课题,顺利结题后,便束之高阁,很少将其进行推广运用,用来指导实践教育教学。有的幼儿园尽管努力在做教科研工作,但由于师资水平有限,科研意识淡薄,教育理论和方法缺乏,不知道如何书写教科研成果,不知如何将理论与实践相结合,更不知如何对丰富的实践经验进行有效总结、提炼,或者研究流于形式,缺乏实效性研究。

对K区幼儿园教科研成果现状的调查研究显示,示范园在论文公开发表,文章各类评比,优质课获奖等方面均较好,一级园平均每年公开发表及市区获奖文章5-10篇,二级园的论文发表及获奖文章则平均为1-2篇。

3.手册、教材、教玩具等

手册、教材、教玩具等也是很好的教科研成果表面形式。这类成果更贴近教学实际，容易推广。但目前，此类成果的数量和创造性还严重不足，在设计时没有原理支撑、没有深入分析、缺乏系统研究手段。

(二)研究成果多但应用缺乏

实践中的问题是幼儿园开展教科研的一个基本出发点，幼儿园在开展教科研的过程中首先要有清晰的问题意识，能够明确地认识到借助于教科研工作要解决幼儿园教育教学实际中的哪些问题、什么样的研究活动才能达到这一目的。幼儿园教科研不是为了研究而研究，它的课题是来自教育教学的实践并服务教学实践的，它的成果最终也要回到实践中去，并能够切实推进教育教学实践工作的有效开展，这是幼儿园教科研的现实也是根本价值所在。M市某医院幼儿园在教科研工作开展过程中，立足本园特色，不断创新改革，提出了以运动为核心，兼顾其他领域活动的"1+1+N"特色课程;M市某医科大学校直幼儿园在教科研中渐渐形成以艺术为特色的课程等。这些做法都是以幼儿发展为本，来源于实践，回归实践，通过改革创新，在实践中不断提高幼儿教育教学质量。

幼儿园在开展教科研，有效地解决当前教育教学中的实际问题的过程中，不仅促进了幼儿教师素养的提升，也为幼儿园开展后续的教科研提供了良好的基础。幼儿园要持续发展，就要将教科研活动当作常规性工作来开展，把教科研工作作为幼儿园发展的持续动力。在衡量幼儿园教科研价值的过程中，不仅要看是否解决了当前问题，也要看到这些研究能在多大程度上为幼儿园的后续发展提供有益支撑。幼儿园要将教科研视为当下发展与未来发展的内在动力，与幼儿园特色创建、改革实践结合在一起，与置身幼儿园生活环境中的幼儿和谐发展关联在一起。以M市某幼儿园为例，通过近5年的课题研究，其团队在教育教学、教玩具制作、对外交流等方面均取得了丰硕的成果。教师先后在《教师教育研究》《学前教育研究》《幼儿教育导读》等期刊上发表论文189篇，参加全国、市区比赛，多次荣获一等奖。先进的教学过程多次在中央电视台、M市电视台等被播出和被M市各大报纸报道。教玩具制作800多项，其中教师研发的"多功能球架""神奇木方格"等教玩具获M市唯一的全国教玩具制作一等奖，并成功申请3项国家专利。幼儿特长培养如绘画、舞蹈、戏曲等获奖419项,其中《川剧变脸》参加中央电视台"六·一"文艺会演,多项创意参加中央电视台少儿频道《看我72变》节目录制。每年近10次在全国、军队交流办园和教科研经验,频频接待军、地园所来园学习和观摩,同时对北京、武汉、格尔木等城市幼儿园进行交流或支教活动等。

(三)着手成果推广但成效不明显

教科研成果推广应用,是指包括传播、学习在内的一切扩大教科研成果使用范围的活动。推广应用教科研成果是发挥科研先导作用、推动教育改革与发展的重要环节,也是实现"科研兴教、科研兴园"的关键。

1.部分教科研的成果得到多渠道推广运用

目前,重庆市中小学教科研取得一些可喜的成效,具体表现为:园领导和广大教师对教科研工作的意义和作用日益明确,参与教科研的积极性不断高涨,正式立项和结题的市级以上课题数量明显增加,教科研成果传播类型较广,得到了多渠道的推广运用。

一是通过报刊发表论文推广应用。随着教科研工作的推进和幼儿园自身发展的需要,教师们越来越重视将教科研中的研究成果撰写成论文或经验型文章,通过投稿,发表到报刊上,如《学前教育研究》《幼儿教育》《学前教育》《幼教博览》《当代幼教》等刊物,这种方式不仅宣传推广了研究成果,而且促使了幼儿园领导、广大教师和专业研究人员在研究中借鉴,在实践中运用,在推广中提高,起到了积极的引领、促进作用。

二是通过专著出版推广应用。目前部分科研成果通过结集出版的方式进行推广运用,如A幼儿园的《创造 活动 发展》、B幼儿园的《幼儿园开放性活动材料的构建与运用》等。这些专著立足实践,对幼儿园的教育教学有着一定的借鉴价值,受到了幼儿园老师的欢迎。

三是通过参与上级教科研部门评比活动推广运用。主要通过参加全国、省、市、区等教育主管部门组织的每年一次的教学、教研论文评比活动,以及参加省、市、区教科研规划课题将教研成果进行推广应用。

四是通过参加各类培训学习推广应用。借助教师培训、教育经验交流会、讲座等有效方式推广成果,将幼儿园一些好的经验、做法进行总结提升,采用理论与实践相结合的方式生动有趣地将本园的研究成果进行推广,逐步内化为教师的知识,让教师学以致用。

五是通过打造精品课程推广应用。很多幼儿园都有自己的特色,老师在某一方面都有自己的专长,如很多幼儿园打造了不同领域的精品课程,可以通过市、区各种比赛进行推广运用,也可通过外来参观学习人员现场观摩或教育类网站等途径传播。

六是通过其他方式推广应用。某些幼儿园很注重将教师在平日教育教学中的智慧创造形成成果,如发明专利,可以将自主研发的一些富有创意的、能促进幼儿身心发展的、对教育教学带来便利的、有推广价值的一些教具、玩具等申请专利,在保护自己劳动成果的同时进行推广。

2. 大多数教师的教科研成果缺乏交流与运用

首先,长期以来,幼儿园的教科研工作存在重科研轻推广、重成果轻应用的状况,教研活动后没有实践跟进,课题结题后束之高阁,研究成果不能得到及时的总结、推广和运用,教科研低效、无效的现象也较为严重,大多数教师的教科研花时费力做了,却缺乏交流与运用。其次,很大一部分幼儿园,特别是条件相对较差的幼儿园,教师的工资福利待遇较低,科研经费申请难,外在激励机制缺乏等原因也使幼儿教师对成果的推广运用抱有畏难情绪。再次,很多教师不能对教科研成果自主创新地加以“内化”是影响教科研成果推广运用的又一因素,这部分教师缺乏教科研意识和相应的能力,不能用心吃透教科研成果的实质和背景,把握其精髓,可能步入“盲目模仿、目标模糊、问题不清、半途而废”的误区。

八、幼儿教师从事教科研的制度保障问题

目前幼儿园教科研工作普遍缺乏制度性保障。一方面表现在普遍缺乏相应的激励机制,教师主动参与科研的积极性不高,自我反思、自我批评的力度不

够,教师往往将教研活动看作一种例行的公事,而不是关系到自身发展的大事,在进行科研活动时更缺乏进行团体讨论的勇气和积极性,幼儿园教科研活动由此常常成为一种经验的交流和总结,没有真正地以问题解决为中心。另一方面表现在缺乏一定的规范机制和管理机制,例如,没有将幼儿教师的科研活动很好地纳入幼儿园发展规划和统筹发展的任务,不仅实施时间、场所无法得到保障,而且缺乏相应的经费支持,这使幼儿教师教科研活动不得不成为一种形式或任务,而不是出于专业发展需求的自觉行动。[①]此外,幼儿园也没有建立一套科学、合理的科研管理机制,在提高幼儿园教科研的规范性和有序性方面欠考虑,因此,科研工作的规范化和常态化难以落实落地。

随着幼儿教科研管理的改革与发展,教科研工作已成为幼儿园重点工作之一,通过教科研提高教师素质、形成办园特色已经成为幼儿园的办园策略,"科教兴园"已逐渐成为幼教事业发展的必然趋势。但是,当前幼儿园教科研管理情形怎样?存在哪些问题,如何改进?在查阅了大量文献材料的基础上对M市某区部分幼儿园进行了调查,涉及公办园、私立园和其他不同等级幼儿园。现把调查结果分述如下:

(一)教科研管理现状调查结果及分析

M市幼儿园教科研管理经过十几年的探索,取得了一定的进展。主要体现在以下几方面:科研管理意识提高,公办园、一级园基本有科研工作方面的制度,并指派专人负责制定;科研管理的过程逐渐规范,科研管理网络化,研究做到了有目标、有内容、有方案、有实施计划;课题研究已上档次,全国、省、市、区里的课题质量越来越高;科研管理中有一定的精神和物质奖励,参与教科研的教师逐渐增多;取得了一些成绩,涌现出一批重视科研、颇见成效的特色幼儿园。这些都促进了幼儿园教育改革,提高了幼儿园办园质量。但是,由于教科研具有运用的严密性、效益的潜在性、工作的艰难性等特点,以致幼儿园在教科研管理中还普遍存在以下几方面的问题:

---

①刘敏.当前园本教研中存在的问题分析及对策思考[J].学前教育研究.2010(2):56-58.

1.教科研管理人员素质亟待提高

教科研管理人员是幼儿园教科研管理的主体,其素质、能力及责权直接影响幼儿园教科研管理的质量,由谁来具体负责幼儿园教科研管理,各园做法不一。90%的幼儿园主要是分管业务的副园长在负责,其次是市、区级骨干教师、教科研组长,占10%左右。在这些管理人员中,最初的学历基本都是中专,经进修后达到本科学历的占70%左右,有专科学历的占30%左右。他们虽然教学经验丰富,但教育理论功底不足,进行科研管理时感到吃力,对已有的体会和经验没有上升到理论高度进行整理总结,研究存在浅尝辄止现象,难以升华。甚至有的管理人员不清楚研究什么、为什么研究、怎么研究,缺少研究方法和执着的研究精神,加之又身负常规教学工作重荷,研究力不从心,没能对教育教学问题较好地进行实质性的研究。所以当前幼儿园教科研管理人员的素质亟待提高,需进一步明确职责。同时,市、区学前教育管理部门也可加大相应的培训力度,帮助、支持及鼓励教科研管理人员提高自身素质,专心搞好幼儿园教科研工作。

2.教科研管理制度内容差异大

在幼儿园教科研管理中,加强制度建设是进行有序管理的必要条件,幼儿园管理者应根据上级主管部门的要求和本园实际,制定切实可行的教科研管理制度,努力提高管理质量,所以教科研管理制度内容的设计和制定是非常重要的。从各园已有的制度板块看,主要包括课题申报和成果认定、组织管理、师资培训、奖励制度、评价机制、经费保障等几方面。

将各园制度进行横向和纵向比较看,制度建立不够严密,教科研管理力度不大,具体情况如下(见表2-3):幼儿园的领导对教科研管理重视不够,仅有25.0%的幼儿园有专项教科研经费,科研条件保障不足;仅有37.5%制定了相应的管理制度,并在制度中明确提出如何进行课题申报和课题成果认定等内容;有87.5%的幼儿园较重视组织管理,将每周、每月、每学期的内容详细列出;有62.5%的幼儿园注意了教师在教科研过程中素质的提高,制定了培训内容和评价考评内容,但较空泛,针对性不强;有50.0%的幼儿园关注教师在参与活动过程中的积极性,在制度中增加了精神和物质上的奖励,但多数幼儿园并未做具体说明,更无差异性,只有少数公办园、示范园将精神和物质奖励落到了实处并考虑了不同层次,如年终评优评先时优先考虑、作为评聘职称时的参考,或者申报全国课题成功一次性奖励1000元/项、获省市级教委组织的论文比赛一等奖奖励500元/篇、在《学前教育》等专业杂志发表论文奖励800元/篇等。

同时,这些数据也反映出这些幼儿园已有管理制度在内容设计上差异性大,五花八门,在日常工作管理中还存在重教轻研的现象,没有一个相对科学、规范的制度模式给予引领,以此来提高幼儿园教科研管理水平,激励教师有效地开展园本保教课题研究,提升自身的学习能力和专业素质。

表2-3　各园教科研管理制度设计内容比例

教科研管理制度内容	横向比较所占比例	纵向比较各部分内容详略程度		
		较详细	较空泛	基本无
教研管理制度	90.0%	√		
科研管理制度	37.5%		√	
课题申报和成果认定	37.5%		√	
组织管理措施	87.5%	√		
师资培训	62.5%		√	
奖励制度	50.0%		√	
评价机制	62.5%		√	
专项经费保障	25.0%			√

(二)幼儿园教科研投入不足

从表2-3可以看出,幼儿园在教科研管理的过程中对经费保障重视不够,投入不足,仅25.0%的幼儿园在有限的经费内设置了专项的教科研经费,并将其纳入幼儿园整体经费预算中。而幼儿园进行教科研需要有一定的科研条件,必须要有一定的科研经费保证。若幼儿园能保证有不低于正常教育经费总支出10%的专项科研经费,将为正在进行课题研究或即将申报课题的教师们提供更好的研究条件。如:可以走出去学习其他省市好的经验和优秀的研究成果;可以把课题预算的经费用于购买《学前教育》《早期教育》《幼儿教育》《家庭教育》《学前教育研究》等教育类杂志和师幼互动,《纲要》《指南》解读等理论书籍及音像资料等,供教师在课题研究中学习、借鉴;还可以制定更加详尽的科研奖励办法和评价机制,对积极参与课题研究,撰写教科研论文并发表、获奖的教师除了给予精神鼓励外再给予物质奖励,以进一步调动教师参与科研的积极性,使其能在集体与自主探索过程中主动学习相关理论知识,提高教科研的质量。

(三)教师参与教科研的机会不均等

在对幼儿园教科研管理的问卷调查和与部分年轻教师的访谈交流中发现,幼儿园对教师在保教、科研、论文发表等方面的要求越来越高,很多公办和私立幼儿园年轻教师面临较大压力。80%的年轻教师认为,虽然各级各类教科研项目很多,但是机会不均等,资源分配贫富差距较大,可以说,年轻教师在幼儿园教科研管理中是弱势群体,各种机会少,缺少团队优势,单枪匹马的局面直接阻碍了他们的发展。很多年轻教师没有独立的教科研环境,无条件申报园内外的课题,被排到老教师或骨干教师的团队中,放弃了个人兴趣去完成别人的工作成了无奈的选择。从幼儿园年轻教师面临的困境看,这样非常不利于年轻教师的专业成长,忽略了年轻教师在成长过程中的阶段性特点和差异性,应根据教师成长的基本规律促进教师发展。突破论资排辈的传统束缚,创造公平公正的研究氛围,调动年轻教师的积极性,为年轻人的成长创造更多机会和条件,鼓励优秀人才脱颖而出。

在"幼儿园教科研管理满意度"调查中,我们发现园长们对幼儿园教科研管理感到满意的仅占50.0%,基本满意的占33.3%,不满意的占16.7%。66.7%的园长认为制约幼儿园教科研发展的主要因素是缺资金少资料、教师的理论水平不够。100%的园长想搞以园为本的课题研究但是缺少科研方法及专家指导,且进行幼儿教科研时效性不足,所以对教科研的关注不够,时间和经费支持保障少。50%的幼儿园是两周组织一次活动,科研组基本是与业务组在一起,研究的深度和系统性稍差。

而在"幼儿园教科研管理满意度"教师问卷调查中,具体情况如下:工作1—5年的年轻教师,他们在幼儿园承担各年龄段各领域活动任务,对本园教科研管理的整体满意度为82.50%;97.5%的教师认为教科研工作能够提高他们的教育思想境界、促进保教质量的提高及自身的专业发展,但是需要增设教科研成果专项经费,加强培训力度;90%的教师希望自己能从小课题研究开始,希望幼儿园能及时给予他们真正的指导和专业引领,希望通过参与科研,了解和熟悉科研方法,逐渐成为优秀的教师,不断提高各方面能力和素养。所以,通过对幼儿园园长和教师"幼儿园教科研管理满意度"的调查,我们认为为年轻教师创造良好的教科研氛围,是培养"知识丰富、本领过硬的高素质"教科研管理人员和教师的重要途径。

第三节　幼儿教师从事教科研的困境

受到各种因素影响,教师开展教科研往往感到力不从心,教师教科研困境重重。在对 M 地区教师的调查中发现,34.8%的老师觉得没有时间做,5.4%的老师认为没有必要做。教师对教科研的各个环节都感到困难重重。在研究过程和方法的把握、研究课题的选择和研究方案的设计方面都有超过50%的教师存在困惑(见表2-4)。

表2-4　**教师开展教科研感到困惑的内容及其人数比例构成**

感到困惑的内容	人数百分比
研究课题的选择	56.1%
研究方案的设计	57.6%
研究思路的确定	49.4%
研究过程和方法的把握	61.4%
研究内容的表述	37.3%
研究成果的呈现	31.8%

其他研究文章也证明,幼儿教师从事科研受到意识、能力、时间、精力等多方面的影响,困难重重。蒙志勇、刘启强在《教师教育科研现状及对策——以幼教为例分析》一文中指出教师开展教科研的五大困境:一是城乡、地区、校际的发展不平衡;二是幼儿教师工作量大,时间和精力不足;三是幼儿教师认识片

面；四是教师科研能力先天不足；五是就幼儿教师所从事的课题研究内容来看，多数只停留在工作经验总结，缺乏有主攻目标的、高层次的教科研活动。另外，刘胜林在《幼儿教师从事教育科研的问题及引导策略》一文中指出教师教育科研还存在为研究而研究，以及研究方法落后等问题。

一、幼儿教师从事教科研的理论基础困境

幼儿教师从事教科研需要一定的学理基础和扎实的理论背景，基本的教科研知识与方法是基础，包括抽象概括能力和创造性思维能力。这是毋庸置疑的，因为教科研是对教育实践与教育规律进行的探究和对教育教学问题的有效解决，是对要进行的教研和科研问题的理性思考，根据这些理性思考教师可以采取更合理的有效的行动和行为。也就是说具备广博的知识是教师完成其专业工作、高质量地完成教学任务的基本条件。但是幼儿教师普遍存在教科研知识不足，不会独立撰写论文，不会收集资料和处理问题的现象。

以M市为例的调查表明，现在幼儿教师大部分的学历偏低，10.6%为本科学历，47.8%为专科学历，36.1%为职高或中专，还有5.5%为初中以下。职前受到过幼儿教育专业或学前教育专业培养的幼儿教师仅为31.5%，有39.1%的幼儿教师是非教育专业毕业的(表2-5)。

表2-5　M市城乡学前教育部分幼儿教师专业与幼儿教师资格证持有情况

项目＼类别	细目		人数(人)	比例(%)
专业	教育类专业	幼儿教育专业(或学前教育专业)	103	31.5
		非学前教育专业	96	29.4
	非教育类专业	其他专业	128	39.1
教师资格证	无教师资格证		90	27.5
	幼儿教师资格证		144	44.0
	小学教师资格证		53	16.2
	其他		40	12.2

注：教师资格证各项合计未能达到100%，是由于四舍五入导致。

二、幼儿教师从事教科研的视野困境

幼儿园教师关注的发展不是线性的模式,而是伴随着对"与同事、领导的关系""幼儿—教学需要""管理—政策"和"自我生存与发展"等问题的关注层次的变化呈螺旋式上升的模式。①从幼儿园教师关注问题变化的角度看,端口、起点、终点都有多个,但各个阶段关注问题的重点会有不同。

教科研"无用论""神秘论"的时代已远去。社会发展、时代进步对教育和教师提出更多更高更新的要求,教学对象、教材以及环境等诸因素处于经常变化之中,不管你承认与否,作为教师你必须接受,迎接挑战。仅仅会教课而不会教育研究的教师,很难称得上是新时期合格的教师。

然而,在幼儿教师群体中,仍然有部分教师(特别是教龄较长的老教师以及未经过正规专业教育的年轻教师),将幼儿教育的视点全部放在教育教学上面,没有摆脱"以教为中心",很少延伸到"幼儿研究",极少有对教育基本问题的深度思考和教育理论水平的提升。同时,有些教师认为教科研是属于上层领导或是其他教师的任务,忽视了教科研对于他们所重视的教育教学带来的作用和影响。

三、幼儿教师从事教科研的研究思维和习惯困境

人们总是习惯于"舒服安稳"的思维方式。时代的发展要求人们具有开阔的视野、开放的心态、创新的思维。教育的最终机制在于人脑的思维过程,思维能力是人的核心能力,思维方式是人们大脑活动的内在程序,是主体在反映客体的思维过程中定型化了的思维方法和思维程序的总和与统一,主要由知识、观念、方法、智力、情感、意志、语言、习惯等八大要素组成。②思维方式决定着教师的言行、教学方式以及专业发展方式。当前不少教师的思维方式存在盲目崇圣性、极端模糊性、片面求同化的倾向,其蒙蔽了教师的理性,虚化了新课程理念,扼杀了教师的创造性,使教师不仅不能让学生的思维潜力得到充分发展,反

---

①张世义,顾荣芳.从问题关注的视角构建幼儿园教师专业发展的阶段[J].学前教育研究.2013(4):57-63.
②陈新夏,郑维川,张保生.思维学引论[M].长沙:湖南人民出版社.1988.504.

而也阻碍甚至扼杀了学生思维的发展。[1]那种唯圣、唯书、唯上的,不敢怀疑和批判,不善于深刻反省和价值思辨,缺乏主观能动性,不从多角度打破思维定式、多侧面启迪思维方向的"原地式思维"无法改善自己的认知结构、教育水平。因此,深刻内省思维方式的局限性,主动变革自己的思维方式,应当成为当代教师专业发展的理性诉求。教师的理性教育需要教师的敢于质疑的挑战性思维、求真务实的科学性思维、善于革新的创造性思维。幼儿教师在日常生活中和幼儿园一日活动中慢慢学会逐步解除思想束缚,觉醒主体意识,这样有助于提升幼儿教师的思维品质,提升其解决问题的能力和自我发展能力,进而改善其教育生活品质,提高其自身专业水平,最终促进幼儿思维方式的改进。

四、幼儿教师从事教科研的方法技术困境

以解决保教实践中的问题为起点,选择切实可行的研究方法进行教科研实践活动。能在教研活动中更充分发挥教师的主动性。幼儿教师大多数是硕士以下学历,即本科、专科、高/中职学历,大部分教师都是中专和大专文化水平,文化水平的结构特点决定了幼儿教师综合素质起点低,这样的教育经历说明他们没有得到充分的教科研的方法与技术的系统训练,这是我国大部分幼儿园教师的职前情况。而在职后生涯中,能从事教科研系列培训和进行规范、科学的教科研的也少之又少。能单独进行教科研的也比较少。鉴于这样的情况,我国幼儿教师从事教科研是存在很大的方法技术的困境的。

幼儿教师由于对教科研没有非常明确的概念,很多工作都是从自我感受的感性点出发。长期以来调查发现,教师对各种教科研能力的自我评价以"一般"居多(见表2-6)。也就是说很多教师对教科研方法都有一定的了解,具备基本的能力,但是在运用过程中并不能得心应手。

表2-6　幼儿教师对各种教科研能力的自我评价

	很好	一般	很差
自我学习能力	29.1%	68.5%	2.5%
收集资料能力	22.4%	69.0%	8.6%

[1]陈萍.变革思维方式:教师专业发展的理性诉求[J].课程·教材·教法.2012(12):89-94.

续表

	很好	一般	很差
书面表述能力	16.8%	68.9%	14.3%
科研信息加工能力	16.3%	64.5%	19.2%
教育科研实践能力	30.8%	60.1%	9.1%
教育科研质量分析与评价能力	17.5%	75.3%	7.2%
成果的运用与推广能力	19.6%	71.0%	9.4%

注:若各部分比例之和非100%,是由于四舍五入所致,后同。

在实际的教科研中,教师较少进行系统而理性的思考,而存在多个误区。

一是以感性经验为主,缺乏论证。

案例:两名教师关于幼儿发言方面的观察分析

教师A:这次活动老师应多关注全体幼儿,感觉老是那几个幼儿在发言,而其他幼儿都没有机会。

教师B:我根据孩子们的座位和发言次数画了这张图,从这张图我们可以发现,活动中20名幼儿只有8名幼儿发了言,而且有两名幼儿说了4次,老师可以把机会给更多的幼儿。左面的幼儿只发言了1次,另外,我看到老师在上课时目光也多照顾中间和右面,说明教师在教学中还需要多关注左边的幼儿。

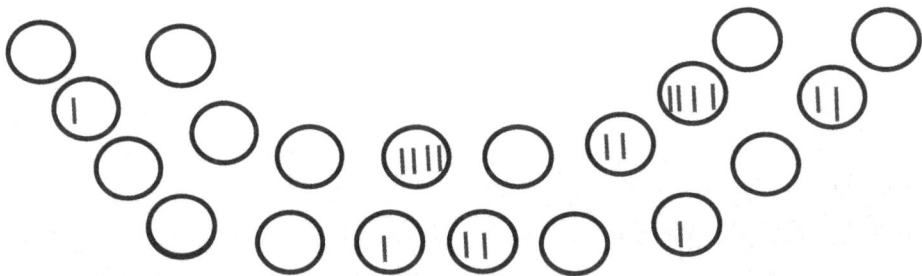

上面这个案例中,第一名教师在观察分析时就是以感性经验为主,而缺乏事实和数据。而第二名教师的观察分析有理有据,能给我们带来更多的信息,有些可能是我们凭感觉观察时容易忽略的问题。但是从目前看到的听课笔记和观察记录来看,大多数教师的观察分析都是以纯描述为主,而缺乏观察技术的运用和有理有据的分析。

二是受到主观因素的影响,甚至存在偏见和歧视。

案例：区角活动观察（截取）

行为实录：

有四个幼儿来到美工区。孩子们先研究了一下图示说明，因为比较简单，幼儿都能根据图示先一折二，然后拿笔开始照着画。其中李小勇一直是比较"调皮"的小朋友，坐在那里和其他幼儿讲话，我就提醒他："可以开始动手做了，不要再讲话了。"当我转了一圈再回来看他们时，发现他们都已基本完成。其中吴林飞剪了一个橘红色的萝卜，另外2个幼儿朱嘉和陈浩都剪了一个绿色的萝卜并且贴萝卜时把画线的那面贴在了正面。我告诉他们："以后贴作品时，要把没有线的那面贴在外面，这样比较好看。"而李小勇剪了一个奇怪的东西，我问他："你剪的是什么？"他回答："是圣诞树。"我就请他把圣诞树贴在记录本上，但是最后他把自己的作品丢了，没有贴在记录本上。

行为分析：

1. 比较"调皮"的幼儿在活动时一旦老师不关注，很容易把注意力放在和小朋友讲话，做小动作上而不是活动本身。

2. 当老师提醒李小勇开始剪纸时，为了应付老师他随便剪了一个。当老师要他把作品贴在记录本上时，他因为自己剪的东西很难看，根本不是圣诞树，也不想给小朋友看到，所以把它丢掉了，没贴上去。

从观察记录和分析看，教师没有和幼儿交流，而直接主观地认为"李小勇剪了一个奇怪的东西"，是"为了应付老师"。教师的记录和分析明显地受到他的已有认识的影响，而阻碍了教师对幼儿的进一步了解，以及后续的分析和指导。

五、幼儿教师的教科研能力困境

社会经济的不断发展和人们认识的不断提高，促进人们对教育的重视程度日益加深。在国家制定的"科教兴国"战略思想指导下，教育被确定为国家发展的重点，这给幼儿教育科学研究发展带来了新的机遇和挑战。现阶段幼儿教师普遍存在着专业认同不高、职前培训不充分、超负荷工作引发职业倦怠感、教科研意识淡薄、教科研知识缺乏、教科研能力较弱等问题，处于日常教学活动之外的教科研难以进行。

幼儿教师的教科研能力的重点在于幼儿教师是否具有很强的问题意识，能否及时发现教育教学中的问题，然后再根据问题进行研究。但是幼儿教师的问题意识很弱，他们忙于一日活动中与幼儿有关的保育保健和教育教学的一切事情，缺乏对问题的思考和对问题的持续关注，针对问题不能用不同方法进行解决。其实，幼儿教师要提高教育教学质量仅凭经验和现成的结论是不够的，还需要敢于发现问题、面对问题和找出有效解决问题的方法路径。同时，教师还应该将自己置于教学情境之中，对出现的问题进行探究，对自身的行为进行反思，总结经验、提升理论，这对于有效促进教师专业发展水平的提高是很有帮助的。伟大的教育家陶行知曾经说过：我们做教师的人，必须天天学习，天天进行再教育，才能有教学之乐而无教学之苦。

六、幼儿园教科研资源与管理困境

一方面，幼儿教师面临着教科研的资源困境。不同的教科研问题和方法，需要的资源会不同。以一次教研或科研为例，需要的资源包括理论资源、素材资源、案例资源、体验资源、专家资源等，作为一名一线幼儿教师，拥有的使教科研顺利开展的资源是有限的。

另一方面，幼儿教师面临着教科研管理困境。幼儿园进行教科研工作还没有进入常规，因此，园所在教科研管理方面重视不够，相应的管理制度、管理办法、管理方式、管理档案等还未健全。教师因此就没有相应的管理意识和应对机制，加之忙于一日琐碎工作，荒于自己管理自己的教科研工作，幼儿园也没有在这方面进行明确要求。当然，结果便是幼儿园教科研制度管理和幼儿教师本人教科研自我管理很薄弱。

第四节　幼儿教师从事教科研需求分析

幼儿教师由于缺乏理论思考,在教学和专业发展上往往要突破很多挑战,才能向研究型和学者型教师转化。这是教师专业发展的必然追求。幼儿教师从事教科研需求是指幼儿教师为了适应和改善教育教学和课程改革而产生的内在学习与反思并获得外部专业调剂支持的要求。为了了解目前幼儿教师的教科研需求以及亟待解决的问题,满足教师发展的要求,提高教研活动针对性,我们从幼儿教师主体角度出发,在教师教科研需求以及提高教研活动的有效性方面,通过日常活动观察、问卷调查、交流、座谈、现场观察、竞赛、质量评估等主要途径和方式进行了现状调查。

一、对教科研培训的需求

(一)幼儿教师教科研培训内容的需求

培训内容是教科研培训的关键,所培训的内容是否切合实际、是否符合幼儿教师的需求直接影响整个教科研培训的效果。经过前期的访谈,我们对 M 市幼儿教师所需要的教科研培训内容做了统计,整理为几下几种:课题研究、教学观察分析、资料收集分析、教学反思。

1.教科研培训内容需求统计分析

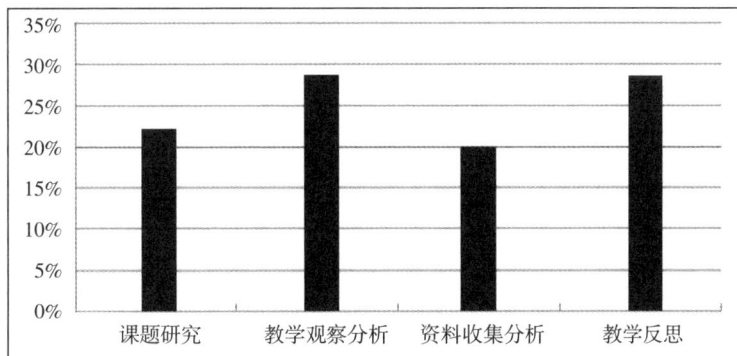

图2-3　M市幼儿教师教科研培训内容需求统计图

从图2-3中可以得知,在M市399名幼儿教师当中,有22%的教师选择"课题研究",29%的教师选择"教学观察分析",20%的教师选择"资料收集分析",29%的教师选择"教学反思"。从结果中可以看出,幼儿教师并没有摆脱传统的教师角色,在教科研方面,选择教研培训方面的教师的比例远远多于科研和其他方面,"课题研究"在四类培训内容当中仅排在第三。在传统的观念中,"保教并重"一直是各幼儿园和幼儿教师所遵循的原则和初衷。虽然教师们都有由"教书匠"向"研究型教师""专家型教师"转变的观念,但由于家庭、保教任务以及班级其他工作和自身科研知识与科研能力等束缚,他们不得不将发展和培训的重心转向"教研"。同时,这也进一步提示各教育主管部门和园所领导应该创设更利于教师进行教科研实践的条件,让他们能够真正成为"研究型教师""专家型教师",从而进一步提高教师自身素养和幼儿园保教质量。

另外,"资料收集分析"对于教研、科研来讲都是非常重要的研究方法和程序,它不仅能为教科研提供可供研究和验证研究的材料数据,更能切实论证研究的真实性和科学性。但从统计结果可以看出,仅有20%的教师选择该类培训内容,这不仅反映了教师在日常工作中进行教科研时对资料的忽视,也间接反映出教师教科研工作的切实性有待提高。

2.教科研培训内容需求的对比分析

从上述整体的统计分析图可以看出M市幼儿教师对教科研培训内容的整体需求。然而,不同教龄、不同级别幼儿园的教师其工作能力、所遇到的教科研问题以及所处环境等均不同,其对于培训内容也有着不同的需求。只有全面掌握了不同教师群体对内容的不同需求,才能"对症下药",提供符合不同教师群体所需的培训内容,真正提升教师的教科研水平。基于此,本研究分别从教龄和幼儿园级别两个维度分析教师对教科研培训内容的需求。

(1)不同教龄幼儿教师对培训内容的需求

不同教龄阶段的教师对于教科研培训内容的需求侧重各有不同:

教龄在5年及以下的教师基本为大学本科毕业生,有一定的幼教理论基础和科研意识,所以,其既有教研培训的需求又有科研培训的需求。有18人选择"课题研究",21人选择"教学观察分析",17人选择"教学反思",选择这三类培训内容的教师人数差别并不大。另外,选择"资料收集分析"的教师人数只有9人,这也反映出了该教师群体对"资料收集分析"这一项内容的忽视。

教龄为6-10年的教师在教育教学方面有了一定的实践经验,也积累了自己的教育教学方法,当然,在日常教学中所遇到的问题及思考也会很多。所以,在内容需求的选择中,这类教师更偏重于在"教学观察分析"和"教学反思"上的提高。

教龄为11-15年的教师,逐渐成为幼儿园的骨干力量,同6-10年教龄的教师一样,在教育教学方面都有自己的想法和方法,亟待在教育教学上验证自己的方法,也期待进一步的提升,所以,在培训内容上较偏重于教研培训。但是,与6-10年教龄教师不同的是,这类教师同时也关注对自身科研课题资料收集分析能力的提高,期望通过这两项进一步提高自身的综合素养。

教龄为16-20年的教师,最为需要的是"资料收集分析"方面的培训,其次为"教学观察分析"和"教学反思",最后为"课题研究"。该阶段的教师已经是幼儿园的中流砥柱,多年的教育教学使他们积累丰富的教育教学经验,吸取新的教育思想,借鉴新的教育方法的诉求使他们对教科研培训的需求偏向了教研方面。该阶段的教师大多为34-40岁,这个年龄段的教师以往都甚少进行科研工作,所以在科研方面的诉求与教研相比就相对较少。

教龄为20年以上的教师,对"课题研究"培训的诉求最大,其次为"教学观察分析"和"资料收集分析",最后为"教学反思"。这反映出了M市该教龄段幼儿教师在拥有丰富教学经验的基础上仍然积极向上,在不忘继续教研的基础上寻求科研方面的培训。

(2)不同级别幼儿园教师对培训内容的需求

为了进一步明确教师对教科研培训的需求,本研究还从幼儿园的类别,即一级园(含示范园在内)、二级园和三级园出发,进一步分析不同幼儿园教师的不同需求,以期能够明确掌握M市幼儿教师的教科研需求,提出明确意见,促进M市幼儿教师的教科研发展。

一级园的教师对于教研和科研两方面的培训需求都比较强烈,这反映出一级园中教育教学和科研这两方面工作在教师的日常工作中都是比较重要,也反映出一级园的教师正在从传统的"教书者"向"研究者""专家"转变,通过科研促进教研,通过教研丰富科研。

二级园的教师对"教学观察分析"和"教学反思"这两项培训内容的诉求较多,而"课题研究"培训的诉求最少。这反映出二级园中"教育教学"是教师的主要工作,对于类似"课题研究"的科研工作要求不高。

三级园教师同二级园教师一样对"教学观察分析"和"教学反思"的培训诉求较多,不同的是,三级园教师对"课题研究"的培训有一定的诉求。这反映出了三级幼儿园已经开始重视科研工作,努力提升自己幼儿园的保教质量和科研工作水平。

(二)幼儿教师教科研培训方式的需求

培训方式是培训内容和受教幼儿教师之间的桥梁,贴切的培训方式能够促进培训内容与教师的融合,促使教师更加主动地吸取新的知识和经验,使培训达到事半功倍的效果。

1.教科研培训方式需求的统计分析

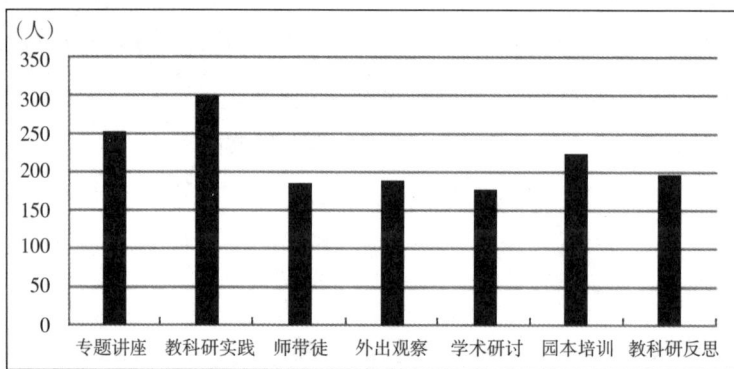

图2-4 M市幼儿教师教科研培训方式需求统计图

从图2-4中可以看出,教师们最希望通过"教科研实践"这种培训方式获得培训知识和经验;其次是"专题讲座",这是比较传统的一种培训方法,通过讲座式的培训,教师们习得的大多为理论上的教科研知识;再次为"园本培训",这种培训方式存在于幼儿园当中,比较灵活,既不会占用教师过多的休息时间,又能够切实将培训内容与教师的工作实践结合起来,这或许是教师们选择它的原因;排名第四的培训方式为"教科研反思",这是一种自学方式,能够使教师比较灵活地安排自己工作、学习、生活的时间;"外出观摩"和"师带徒"分别排名五、六位,这两种都是比较传统的培训、学习方式,随着社会环境的变化,教师工作量的增加,这两种培训方式容易流于表面,失去原有的培训价值;排名最后的为"学术研讨",这是一种基于一定理论基础或经验基础的"交流探讨",理论性较强,重在通过探讨与分析解决存在的问题。

2.教科研培训方式需求的对比分析

同"教科研培训内容需求"一样,本研究也从教龄和幼儿园级别两个方面对M市幼儿教师教科研培训方式的需求进行对比分析。

(1)不同教龄幼儿教师对培训方式的需求

对培训方式的需求是综合的,教师所需要的不仅仅是一种培训方式。教龄从5年及以下到20年的教师都将"专题讲座"和"教科研实操(实际操作)"作为培训方式首选的两项。"专题讲座"是一项比较传统的培训方式,主要向教师传达实用、先进的教科研理论和方法;而"教科研实操"恰好能够使教师将在"专题讲座"中习得的知识和方法运用到教科研实践当中,理论联系实践,这正是教师们所需求的培训方式。在其他培训方式上这几个教龄段教师差距都不大。

教龄在20年以上的教师,将"教科研实操"和"园本培训"作为培训方式首选的两项。其原因在于,实践是平衡教学工作与获取知识、经验的最佳选择。从这项选择中更可以看出,"教科研实操"这一培训方式已经得到大多数被调查教师的认可。而"园本培训"在时间、内容上都比较灵活,更能够迁就教师的时间和精力,更能够有针对性地为教师提供必要的教科研知识和方法。

(2)不同级别幼儿园教师对培训方式的需求

一级园的教师偏向于"教科研实操"和"园本培训"以及"专题讲座"这三种培训方式。"教科研实操"和"专题讲座"能够将理论和实践充分结合,通过讲座学习知识,通过实践运用知识,并能够在实践中发现新的问题,解决新的问题,习得新的方法和经验。每个幼儿园都有自己的特色和亮点,"园本培训"恰好能够结合幼儿园的特色,针对园所和教师实际情况,开展有针对性的教科研培训。

二级园的教师同大多数教师一样,偏向于理论结合实践的"教科研实操"和"专题讲座"这两种培训方式。但对于其他几种方式,二级园的教师所选择的人数基本相同。这反映出二级园的教师可能没有找到一种特别适合自己，适合自己幼儿园的教科研培训方式；还反映出在以往的培训当中其他几种培训方式可能都没有给教师们带来切实需求的知识和经验，培训效果不明显。

三级园教师选择的前三种培训方式同一级园教师的选择一样，分别为"教科研实操""专题讲座"和"园本培训"。这反映出三级园的教师期望通过教科研培训提高自己的能力和素养，提升幼儿园的保教质量。

二、从事教科研的外部支持需求

教科研活动从本质上是人类实践活动的一种具体形式。哲学上对实践的认识将实践与主体的价值定位统一起来，表明了实践活动，包括教科研活动，均是主体根据自身需要对客体实施的有目的性、创造性的改造。现有对教科研活动效率效果的研究多专注于外部环境和条件变化的影响，忽视了主体需求才是左右教科研活动价值取向乃至最终结果的关键要素，即只有把握教师们的需求，充分发挥教师的主动性、积极性，依靠教师，群策群力，教科研活动才会产生更好的效果。

然而，对于如何发挥教师的主动性，保障教科研活动的效果依然存在两个关键问题：

其一，在教科研方面，幼儿教师属于弱势群体，他们在较为专业的教科研中常常显得心有余力不足，长期的盲目与无奈，也渐渐消磨了教师对教科研的激情，急需相关专家的指导与引领。但是，不同的专家对于幼儿园的了解程度不同，对于教师教科研的指导与引领程度也不一样，如何选择一位符合幼儿教师期望，适合幼儿园教科研实际的专家，对于教师和幼儿园来说至关重要。

其二，诸多幼儿园缺乏教科研管理制度和相应的激励制度，致使教科研研究不能得到相应的支持，而教师的付出和成果也得不到相应的回报，这也从根本上打击了教师教科研的积极性。

针对此，本研究对 M 市幼儿教师教科研的外部需求，即引领专家的需求和教科研管理制度的需求做了以下分析。

(一)幼儿教师对教科研引领专家的需求分析

专家对于幼儿教师在教科研上的指导也会直接影响教师参与教科研的积极性、主动性以及教科研成果的专业性和科学性。所以,有必要邀请适合幼儿教师实际情况,满足幼儿教师需求的专家对幼儿园教科研进行指导。根据前期对教师的访谈,我们将对幼儿教师进行教科研引领的人员类型分为专家教授、专家型教师、骨干教师以及同事四类。

1.教科研引领专家需求的统计分析

M市幼儿教师对于需求哪类专家对教科研进行指导的统计结果如图2-5所示。

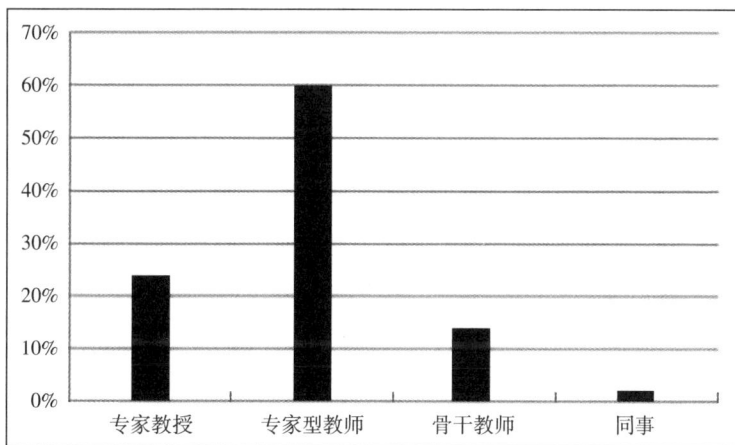

图2-5 M市幼儿教师引领专家需求统计图

由图中所示,M市幼儿教师最需要"专家型教师"对教科研进行指导,选择该项的教师占接受调查教师的60%。"专家型教师"是指在教育教学方面有特长的教师,他具备一般教师的所有素质,同时在自己的教育教学中不断探索,取得了一定的成果,具备较强的教科研能力。在后期访谈中,我们得知,大多数教师需要这类人员进行教科研指导,是因为他们认为这类人员既能够了解在教育现场所面对的实际情况,理解教师的工作,又能有针对性地具体地向教师提供教科研方面的指导。选择"专家教授"的教师认为专家教授有较强的理论知识和科研能力,他们在教科研研究特别是课题研究当中能够给予教师很强的学术性的指导。另外,还有14%的教师希望同园的骨干教师对其进行指导,有2%的教师希望同事对其进行指导。

2.教科研引领专家需求的对比分析

(1)教科研引领专家需求的教龄对比分析

教龄在20年以下的教师大多数选择"专家型教师"这一类人员进行教科研指导,其中教龄在11-15年的教师全部选择了"专家型教师"。这反映出,大多数教师普遍认为专家型教师能够给予他们更切实更详细的指导。另外,教师们对另外3类人员的选择差距也并不大。其中,教龄在5年及以下的教师有23%需要专家教授进行指导,同样23%需要骨干教师,8%需要同事进行指导;教龄在6-10年的教师中20%选择"专家教授",13%选择"骨干教师",仅有7%选择"同事";教龄在16-20年的教师中,对其他3类人员的选择均为14%。可以看出,除了"专家型教师",幼儿教师对其他3类人员都有不同程度的需求,这是因为:"专家教授"具有丰富的理论水平和科学研究的方法与能力;"骨干教师"则具有较丰富的一线教学经验和一定的教科研能力;"同事"则可以在日常的聊天中相互讨论和指导。

教龄在20年以上的教师,选择和其他教龄段的教师不一样,其只选择了"专家教授"和"专家型教师",其中选择"专家教授"的人数最多,占总人数的60%,选择"专家型教师"的占40%。通过后期访谈我们了解到,选择"专家教授"的教师认为教科研中需要科学的方法和指导,这样才能够事半功倍,才能真正做好教科研。

(2)教科研引领专家需求的幼儿园级别对比分析

一级园的教师仅选择了"专家教授"和"专家型教师"两类人员,其中选择"专家型教师"的人数占到了总人数的79%,另外21%选择了"专家教授"。一级园的教师具备一定的专业水平,且教科研实践也较多,所以他们需要更为专业的指导。在一定程度上,一级园的教师更容易接触高校的专家教授和知名的专家型教师,大部分的教师选择"专家型教师"进行教科研指导可能是因为他们通过实践发现,专家型的教师因为有一线的幼儿教育教学经验,所以更能够结合幼儿园和幼儿的实际情况提供能够投入实施的指导意见。

二级园的教师除了"专家教授"和"专家型教师"外,还选择了"骨干教师"(11%)和"同事"(5%)。骨干教师和同事都是日常工作中可以接触到的群体,且都具备相应的教育教学水平和教科研经验,在日常交流中就可以给彼此以指导和意见。

三级园的教师有42%选择"骨干教师",29%选择"专家型教师",同样29%选择"专家教授"。较一级园来说,三级园的教师在教科研能力和经验方面相对较弱,理论上更需要专家教授或是专家型教师的指导,可是从调查结果来看,大部分教师却选择了"骨干教师"。从后期的访谈中我们了解到,三级园的教师需要专家教授或是专家型教师的指导,但是其接触两类人员的机会较小,也没有专门的经费来支持其对教师教科研的指导,而骨干教师在园所教师中教育教学和教科研水平都较强,所以三级园教师多选择骨干教师来对其进行指导。

(二)幼儿教师对教科研激励机制的需求分析

激励机制是对教师积极性的一种刺激,恰当的激励机制能促进教师教科研的良性循环,增强幼儿园的教科研氛围。激励分为精神激励、薪酬激励、荣誉激励和工作激励四种类型,本研究中所调查的激励机制主要是对幼儿教师试行的薪酬激励。根据访谈,幼儿教师对激励要求分为"按成果大小进行奖励""适当奖励"和"无须奖励"三个层次。

1.幼儿教师教科研激励机制需求的统计分析

幼儿教师教科研激励机制的数据统计结果详见图2-6。

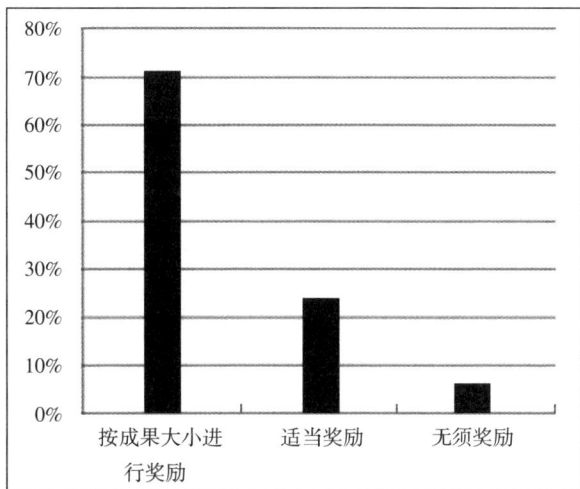

图2-6 M市幼儿教师教科研激励需求统计图

从上图中可以看出,有71%的教师希望能够按照教科研成果的大小进行奖励,有24%的教师认为不管成果大小只要适当奖励便可,仅有5%的教师认为无须奖励。这说明,大部分的教师仍然希望自己的教科研付出能够得到幼儿园的认可和回报。另外,我们也对选择"无须奖励"的教师进行了后期访谈,他们认为教科研是自己工作的分内事,做得好对自己的教育工作也有很大的帮助,所以不应该以此来作为索取奖励的资本。

2.幼儿教师教科研激励机制需求的对比分析

(1)幼儿教师教科研激励机制需求的教龄对比分析

不同教龄教师的工作积极性、工作态度以及人生观、价值观等都不一样,所以对于是否需要教科研激励机制也有不一样的表态。

教龄在5年及以下的教师中有50%的教师选择"按成果大小进行奖励",40%选择"适当奖励",10%选择"无须奖励"。该教龄段的教师刚工作不久,有较高的工作热情和积极性,能够不计回报地投入自己的时间和精力,所以有10%的教师认为不需要幼儿园给予教科研成果的奖励。

教龄在6-10年的教师和教龄在20年以上的教师选择相似,选择"按成果大小进行奖励"的教师分别占73%和75%,选择"适当奖励"的教师分别占27%和25%,均没有教师选择"无须奖励"。可以看出,这两个教龄段的教师认为教科研成果应该得到认可和奖励,其中大部分教师认为公平起见,应该按照教科研成果的大小给予与之相应的奖励,这样可以避免有教师担名而不做实事的情况发生,避免"大锅饭"的局面出现,同时也可以间接激发教师教科研的积极性。

教龄在11-20年之间的教师全部认为幼儿园应当按照教科研成果的大小进行奖励,其原因与上述一致。

(2)幼儿教师教科研激励机制需求的幼儿园级别对比分析

不同级别的幼儿园对教科研的量与质的要求不同,其教师在教科研中投入的时间与精力以及教科研成果也会不一致。

一级园的教师当中有64%的教师希望能够按教科研成果的大小进行奖励,36%的教师认为适当奖励便可。选择"按成果大小进行奖励"的教师认为,幼儿园教科研工作量较大,且会占用教师一定的时间和精力,希望幼儿园能够给予奖励。由于每个教师参与的程度和取得的成果大小不一,所以他们更希望幼儿园能够按照成果的大小来奖励,这样可以进一步激发教师参与教科研的积极性。选择"适当奖励"的教师则认为,作为一级幼儿园的教师,理当通过教科研不断地提高自身的专业素养和教育教学的能力,当然还是希望幼儿园能够给予教师一定的激励,以保持教师教科研的热情。

二级园的教师中有62%的教师选择"按成果大小进行奖励",23%的教师选择"适当奖励",15%的教师认为"无须奖励"。从后期的访谈中我们了解到,大多数教师认为教科研活动是日常工作之外的工作,所以应该给予一定的奖励或是补偿,但是为了真正促使教师加入到教科研工作当中,还是应该按照最终的教科研成果大小来对教师进行鼓励和奖励。选择"适当奖励"的教师则认为,幼儿园经费有限,只要幼儿园对参研教师进行适当的奖励,肯定教师的教科研工作便可。选择"无须奖励"的教师则认为教科研工作是一名好教师的本职工作,所以无须幼儿园进行单独的奖励。

三级园的教师中有83%的教师选择"按成果大小进行奖励",17%的教师选择"适当奖励"。选择"适当奖励"的教师认为,幼儿园平日的教科研活动并不多,也不繁重,不会占用教师过多的时间和精力,所以只需幼儿园适当地进行激励便可。

第三章

园本教研促进

幼儿教师教科研

素养提升

第一节　园本教研的含义、理念

幼儿园课程应不再是简单的执行规定方案,不是"用教科书教"。在传统教研范式下所形成的根深蒂固的、完全遵循教材和教参的思路和做法,对课程改革和教育创新带来巨大制约性。园本教研作为一种能修正传统教研的专业支持范式,逐渐进入人们视野。

一、园本教研的含义

教研是幼儿园教育教学的生命线,园本教研是以本园教师为研究主体,以他们在日常教育教学活动中遇到的问题为研究对象,从而实现"解决问题"与"教师成长"双赢成效的研究方式。[①]有时也称为园本研修,其是基于幼儿园、为了幼儿园、发展幼儿园的制度化和规范化的促进教师专业发展的基本途径和方法。其基本特征是以园为本,根本目的是解决幼儿园和幼儿教师的问题。这就决定了园本教研必须着眼于幼儿普遍存在的问题,或个别典型幼儿的特殊性问题,必须着眼于幼儿园五大领域、保教工作、游戏活动、班级管理等方面普遍存在的问题,必须转变幼儿教师教育教学思想、教育方法等,促进其观念的更新、工作知识的习得以及教育教学技能的提高等。[②]

园本教研,是以园为本的教育教学研究活动。它是以《纲要》和《指南》为指导,以促进教师专业发展为宗旨,以教育实践中的问题为研究内容,以教师为研究主体的教育教学实践研究活动。园本教研是在解决教育实践中的困惑和问题过程中,有针对性地提升教师专业能力的一种研讨活动。其直接目的是帮助

[①]唐燕迎.审议:一种行之有效的园本教研模式——以我园"健康区域活动中的材料资源提供"教研为例[J].早期教育(教师版).2014(2):42-43.
[②]靳瑞敏.利用园本研修促进教师专业发展的路径[J].学前教育研究.2015(5):64-66.

教师解决实践中的困惑或问题。如何将先进的教研理念落实到教师们的日常教育和研究实践中去,真正帮助教师实现教育观念的更新和教育行为的改善,对幼儿园业务管理者来说是一个挑战。推行园本教研是实践《纲要》的需要,也是《纲要》顺利实施的保障,更是教师专业化成长和构建学习型组织的有效途径。在幼儿园教科研活动中,园本教研既满足幼儿园自身发展的需要,又立足于幼儿园的长远发展,对促进本园教师的专业成长有着积极的作用和意义。可以说,园本教研是幼儿教育改革的需要,是幼儿教师专业成长的需要,是幼儿发展的需要。

园本教研需要教师就研讨的核心问题进行由表及里的对话和交流,以达到智慧碰撞、解决问题的目的。教研活动互动的质量在于对讨论话题的精确把握和推进,因此,教研活动主持人一定要找准切入点,准确抛出"问题球",灵活拦截"过网球",及时接住"交叉球",确保教研围绕着研讨的议题,层层递进。教师的能力是参差不齐的,教研活动的互动必须适宜于不同水平的教师。对于那些能力较弱,缺乏自信的教师,要有意识地让他们参与较简单的问题研讨;对于那些熟手型教师,则要鼓励他们大胆发表不同意见,以推动对问题的深入思考。当一个问题已讨论清楚、教师们都发表了自己的看法后,主持者应对这个问题给予简单的小结和提升,并及时转入下一个问题,使每次的研讨小结都具备承上启下的作用,让整个教研过程环环相扣,思路清楚。[①]

二、园本教研的理念

园本教研是以本园教师为研究主体,以他们在日常教育教学活动中遇到的问题为研究对象,从而实现问题解决和教师成长双赢成效的研究范式。因此,园本教研作为教师学习的阵地,对提高教师队伍专业化发展水平和教育质量具有重要价值。

1.课改背景下的园本教研

推进课程改革,优化教育质量,对每位教师而言,既是一种责任,又是一种

---

①俞春晓,郭萍.园本教研活动中互动的"掌控点"——以"幼儿成长档案的照片拍摄"研讨活动为例[J].早期教育(教师版).2014(9):45-47.

挑战。在课改过程中,教师会面临着许多来自自身、家长、孩子等多方面的困惑和压力,教师之间需要营造一个"相互支撑"的环境,在事业上互相鼓励,在人格上互相支撑,共同研究,一起面对,成就自身的专业发展。建立园本教研制度是深化教学研究改革的方向和重点,是全面推进基础教育理论改革的需要,它对幼儿园创造性地实施课程改革、促进幼儿教师的专业素养的提高、全面提高幼儿园教育教学的质量具有十分重要的意义。

关注问题——以解决本园实践中的问题为重点。以课程实施过程和教育教学过程中教师所面对的各种具体的教育教学问题为研究对象。解决实际问题是幼儿教师从事教科研最主要的目的,也是提高教育教学质量的重要途径,更是幼儿教师专业发展的理性活动。要开展一次成功的教研活动,抓准要解决的问题是关键。发现并提出问题,是教研活动的起点,这从根本上决定了教研活动能否正确、顺利地开展。要组织好一次有成效的教研活动,关键是要从问题中提炼出一个有意义的研讨主题。园本教研能提出并解决教学实践中的问题,以此来改进教育实践,并增强对教育实践的控制能力。一方面必须深入到教学第一线,和教师一起去观察、调查,寻找在教师中存在的真问题;另一方面又不能就事论事,就问题谈问题,而必须通过认真研究,敏锐地发现问题的实质,从而将问题转换成一个明确的研讨主题。

关注发展——以促进教师和幼儿发展为目标。开展园本教研能让教师在教研中获取相应的知识和能力,它的目的是促进教师成长,帮助教师提高专业水平,帮助老师在我国当前幼儿园教育改革的背景下成功实现课程改革,实现教师角色的转变,即让教师从知识的传递者转变为儿童发展的促进者。总之,园本教研注重的是教师和幼儿的发展问题。

关注过程——培养教师反思、互助意识。园本教研的目的是切实提高全体教师的专业素质,增强教师的课程实践能力,通过解决问题来增强教育教学反思和改进意识、提高教育教学质量,从而促进幼儿全面发展。因此,过程就是发展,每一个教研活动都需要教师用专业的眼光来思考问题。基本点必须放在课堂教学和课程改革实施中教师所遇到的实际问题上,着眼点必须放在理论与实际的结合上,切入点必须放在教师教学方式和幼儿学习方式的转变上,生长点必须放在促进幼儿全面和谐发展和教师自我提升上。要想使教研活动取得实效,问题必须真正来自教师的体验。

2.园本教研的三个基本因素

幼儿教师是教研活动的主体。园本教研是以幼儿教师为研究主体,以专业研究人员为合作伙伴的以校为本的实践性研究活动。要想开展好一个教研活动,教师的状态,具有十分重要的意义。首先,对于教师来说,只有能够满足他们专业成长需要、能够解决他们工作中的困惑、问题的学习和培训,才能激发出教师内在的主动学习与研究的动机和欲望,才能让他们感受和体验到获得专业成长、实现自身价值的乐趣。作为主体的教师则必须处于主动的、能动的、积极的状态。其次,教师们应该享有确定主题的参与权。教研活动的主题应在教师的积极参与下确定下来,应是教师从感到迫切需要解决的教学实际问题中选择出来的。从发现和提出问题环节开始,就应确定教师的教研主体地位,而不是到了召开讨论会时教师才参与进来。因为教研主题是在教师的参与下共同确定的,教师就清楚为什么要开展教研活动、要达到什么目的、自己应如何主动参与。教师们对教研活动有所了解,主体地位得到尊重,积极性也就发挥出来了。再次,教师在教研活动中应该享有选择权。在教研活动中,教师应自己去确定展示什么、用什么方式展示,表达什么、用什么方式表达,只有选择权掌握在教师自己手中,而不是管理者或主持者手中,教师才能够表现出一种积极的主动精神。这种主体意识必然要落实到做好讨论前的准备工作上来,在参加教研活动时,教师就不再处于茫然状态或是随机式的即兴发言,而是有条有理有据有深度。

自我反思和同伴互助是基本力量。教师个人和教师集体在园本教研中是两位一体关系,教师个人的自我反思、教师集体的同伴互助是开展园本研究和促进教师专业发展的两种基本力量。反思是教师以自己的职业活动为思考对象,对自己在职业中所做出的行为以及由此产生的结果进行审视和分析的过程。反思本质是一种理解与实践之间的对话,也是理想自我与现实自我的心灵上的沟通。自我反思是开展园本研究的基础和前提。只有在园本教研中充分激发教师个人的自我意识和调动教师自觉自愿的行为,园本教研才能得到真正的落地和实施。反思总是指向自我的,教师既是反思的对象,又是反思的承担者。教师个体的自我反思有助于改造和提升教师的教育教学经验,其过程实际是使教师在整个教育教学活动中担任双重角色:既是教育者又是后教育者,既是引导者又是评论者。而教师同伴互助是在自我反思的基础上开放教师自己,加强教师之间以及他们在课程实施过程中的专业切磋、协商和合作,共同分享经验,互相学习,彼此支持,共同成长。同伴互助的实质是教师作为专业人员,相互之间的对话、互动与合作。

专业引领是提升教研活动质量的保证。专业引领知识是理论对实践的指导,是理论与实践的对话,是理论与实践关系的重建。园本教研是在幼儿园展开的,是围绕“本园”的事实和问题进行的,但不完全局限于本园内的力量。专业人员的参与是园本研究不可或缺的因素,离开了专业的“局外人”的参与,园本研究可能常常囿于同水平反复,迈不开实质性的步伐,甚至会停滞不前,从而导致形式化、平庸化的结果。因此,专业人士的参与是园本研究向纵深可持续性发展的关键。幼儿园要积极主动地争取他们的支持和指导。专业人士包括教研人员、科研人员和大学教师,相对于一线教师而言,他们的长处在于系统的教育理论背景。园本教研是一种理论指导下的实践研究,理论指导和专业引领是园本研究得以深化发展的重要支撑,能为幼儿教师和幼儿园提供切实有效的帮助。

3.努力培育良好的教研氛围

园本教研活动是一种以理论指导实践的理性活动,需要真诚的态度、集体的智慧和专业的眼光。幼儿园的教研活动是教师自主学习的舞台,是教师专业成长的重要平台。园本教研重在创立民主的研究氛围,教研活动中人与人之间的关系是建立在平等互助基础上的对话关系、互学关系。因为幼儿园的教研活动是集体进行的一种研究与共进的活动,所以只有用真诚、平和的态度参与每一次教研活动问题的探讨,建立平等的对话关系,才能真正激发群体智慧,发挥每位教师的潜能。在集体智慧的发挥中形成互相支持、勇于探索、共同进步的教师团队。教研活动中的对话不是园长对教师的指导,也不是师傅对徒弟的带教,而是让教师在教研中共同研究孩子的行为、共同反思教师的实践,用专业的眼光去分析、思考,提升教师的教育水平。

三、园本教研的类型

教研的类型按不同角度来划分有不同的类型：

从开展活动形式来划分,教研可分为专题讲座、集体备课、教学沙龙、专题研讨、主题课例研究、示范课观摩、听课评课、观课议课、案例分析、教学反思等。

从形态来划分,教研可以分为研究型教研、教学型教研、学习型教研。研究型教研以"研"为着眼点,以问题或课题为载体,助教师提高研究力;教学型教研以"教"为着眼点,以活动开展为载体,研究幼儿园的活动,助教师提高教学力;学习型教研以"学"为着眼点,以分享为载体,研究教育的基本原理、分享最新理论成果,助教师提高学习力。

但从教研的范围来看,分为常规教研、专题教研和课题研究。

常规教研。包括日常教育教学的问题诊断、日常指导、同事间相互研讨、专家与教师对话交流以及教学活动(如听评课等)设计等。

专题教研。包括理论学习、专题活动、问题梳理、价值审议等。

课题研究。包括明确问题、界定范围、确定重点、分层架构、确定研究方法、任务到人、关注成果等。

第二节　园本教研的设计、组织与实施

教研工作是学前教育实践体系的重要组成部分,是多形式、多层次地浸润在整个教育实践过程中的,是提升教育质量的重要保证。园本教研是以幼儿园为基地,以研究幼儿园教育教学中的现实问题为出发点,以教师为研究主体,以互动、引领、反思为途径,促进教师专业发展和幼儿园发展的一种教科研范式。通过园本教研引导教师透过现实看到本质,深化对教育本质的认识和理解,树立教育信念,坚定从事幼教事业的信心。

一、园本教研活动的设计

(一)园本教研活动设计的原则

1.以园为本、以师为本的原则

园本教研的目的是解决幼儿园发展和幼儿教师教育教学过程中的具体问题,因此必须以幼儿园实际情况和幼儿教师的需要为基本准则。首先,明确幼儿园自身和幼儿群体的实际情况,做到从幼儿园出发;其次,做到从教师出发,园本教研必须从一线教师的实际工作中寻找问题,同时,尊重教师个人能够给予的教研时间和教研精力,让教师有充分的热情和充足的精力参与教研。

2.尊重实践、尊重问题的原则

教研活动的设计一定不能脱离实践、脱离问题,从实际问题出发是园本教研活动的出发点。同时,园本教研的成果也必须运用到实践中去、到问题中去,将教研的成果真正运用到实践,真正能够解决教师在实践中所遇到的问题和困难。

3.注重过程、推广成果的原则

园本教研活动的设计必须要注重过程,必须要具有可操作性,能够引导参研教师真正进入到整个教研过程中。另外,教研活动在设计之初必须规划好成果的总结和推广形式,如论文、手册或其他。有了这样的规划和预想,才能保障教研成果能够配套研究问题进行总结和推广。

(二)园本教研活动设计的程序和规范

1.明确教研目标

教研目标是教研活动的初衷和终极指向。设计教研活动首先需要明确活动的原因,即为什么要设计这个教研活动,本次教研活动是为了确切解决问题,还是为了提升教师的专业能力或是二者兼备。明确具体可落实的教研目标有助于设计者在设计教研活动时能够更有指向性地挖掘问题,更有针对性地设计教研方式,能够引导设计者对教研活动进行更加全面和完善的设计。可以参考教学活动去设计教研活动,因为教学活动设计是每个教师都非常熟悉的工作,这样可以降低教研设计的难度。

2.挖掘教研主题

选择贴近教师需要的教研内容。教研内容的选择要贴近现实,来自教师的工作实际,才能使教师"有话可说""有感可发",因此,我们要十分关注幼儿教师在日常工作中产生的各类问题:或是一线教师直接反映的问题,或是各年级组的共性问题,或是园领导在平时检查和观察中所发现的问题……就像判断教学内容的适宜性一样,需要思考教研内容究竟是不是满足幼儿当下的需要,是不是教师真正感兴趣或正面临的困难、急需解决的问题,是不是既能照顾教师的既有水平又能拓展他们的经验和能力。在确定教研主题内容时要定好具体的教研目标,目标越具体,越具有操作性,才能聚焦讨论话题,有效避免"教师话题越扯越远",并做好开展教研活动的准备。教研活动所要研究的主题大多是以下几个方面:一是幼儿园一线教师在教育教学中遇到的问题;二是教师在与家长进行交流或家园合作中所遇到的问题;三则是幼儿园本身在发展提升中所遇到的问题。总之,问题的挖掘要落根于实际,落根于幼儿、家长、教师以及幼儿园本身。

3.确定教研方式

确定能够促使教师进步的教研方式。在教研活动设计和准备时要从关注教师的"教"转化到关注教师的"学",因为教师本身就是具有教学能力的学习者,充分调动和发挥他们的学习能动性是形成有效教研的重要保障,让教师真正成为教研活动的主人是形成有效教研的关键。设计者在设计教研活动时必须考虑到如何充分调动参研教师的积极性和主动性。幼儿教师工作繁忙,且除了工作外还需要照顾家庭。所以在设计教研活动时一要考虑参研教师的时间和精力,让他们能够以饱满的热情和充足的精力参与活动,做到事半功倍;二是要考虑教研效果的提升性,引导教师参与教研活动不仅能够解决实际问题,同时还能对教师本身的专业素养和专业能力进行提升。

4.明确后续研究任务

研究活动不是一蹴而就的,活动之间也不是各自独立的,而是相互联系、互补完善的。所以,这就要求设计者在设计和制订本次教研活动时,能够在本次教研目标达成的基础上,预期并设想下一步的后续研究任务,使教研活动具备延续性,也使教研目标能够一步一步地达成。同时梳理从切入点回归落脚点的研究路径,例如:借助具体教育情境呈现原有经验——运用多种方式激发认知冲突,引入新视角或新经验——带领教师比较新经验与原经验的区别,回归研究目标和研究问题本质——鼓励教师思考,寻找适宜策略——梳理研讨内容,明确后续研究任务。这有助于教师成体系地可持续性地研究实践中的具体问题。

二、园本教研活动的组织与实施过程

幼儿园教师教研核心是解决教师在日常保教过程中遇到的问题和困难,教研工作必须坚持问题导向,而不是任务导向和活动导向,因此,教研活动设计应考虑五个方面的问题:一是需求调查,二是目标预期,三是内容确定,四是过程准备,五是行为跟进与延伸。

有效的教研活动本身就是自下而上的过程,即幼儿园的科研必须关注保教过程,源自教师需求,方法和策略源自教师的实践,最关键的是要帮助教师总结、提升,将具体的做法归纳成一类做法,或形成做法的具体原则,继而引导教师根据原则继续创新。[①]在调研和现状分析中,发现在组织教师开展园本教研过程中普遍存在以下难题:一是怎么从教师纷繁复杂的困惑和问题中诊断出关键问题;二是怎样针对关键问题设计出目标明确、思路清晰的教研方案;三是怎样兼顾主体与客体,与教师们开展积极有效的互动;四是怎样结合教师的日常工作实践指导和跟进教师的常态教研;五是怎样将已经取得的研究成果巩固并转化为教师的日常教育行为。[②]

然而,我们在现实中反观我们的教研形式时,思考过"是教师愿意参与的吗"这个问题没有呢? 反观我们的教研内容时,思考过"是符合儿童观、教育观

①吴红霞.在园本教研中引领教师内化《指南》[J].学前教育.2015(9):30-31.
②左晓静.园本教研中业务管理者面临的难题及对策[J].学前教育.2014(5):15-17.

的吗"这个问题没有呢？在反观教研结果时，思考过"能真正透过教师专业发展，为幼儿终身发展服务吗"这个问题没有呢？我想答案多是"没有"。

因此，我们在进行园本教研时，要注意以下四点：

一是教研活动过程要有参与性，有任务驱动，让教师能动手动脑进行尝试、实践，而不仅仅是坐着听。要关注教师的"学"，要把参与教研活动的教师看作参与教学的幼儿，因为他们的需求是相同的，只有符合自己的经验、需求的教研活动，才能真正吸引教师参与。

案例

一次园本教研活动，年轻的 B 老师承担了"献课"任务。对于 B 老师而言，这是她第一次"上台"；对于幼儿园而言，这是展示园本教研水平的一次机会。因此，主管教研的李老师极其重视，和 B 老师一起选内容、备课、试讲，结果效果不错，孩子们参与活动积极性很高，只是在环节设计和个别提问上有待斟酌。李老师立即组织教师帮 B 老师一起讨论和修改活动方案，可历经几次修改后的试讲效果却没有多大变化。活动结束后，李老师有些懊恼地责问 B 老师："怎么搞的？效果反而不如试教好？" B 老师委屈地说："今天你让我这样改，明天她让我那样改，我脑子里一片空白，不知道听谁的了，越上越没有感觉。"

【反思】教研组织者要倾听教师的想法，想方设法激发其内在的发展需要。园长和指导教师怕年轻的教师做不好，恨不得把自己知道的一股脑儿倒给他们，很少耐心地倾听过他们自己对活动设计和组织的思考，很少深入地了解过他们对修改意见的想法以及消化、吸收的程度。往往"一个老师上课，全园教师都上阵帮忙"，最后教师成了公开课的表演者。这种现象较多，这种传统的教研模式对教师成长有一定作用，但如果没有把握好指导、帮助的度，忽视了"上课"教师的主体地位，就有可能适得其反。园本教研需要"同伴互助"，但是也要有教师个人思考的空间。无论是教研的选题还是教研形式，都要充分考虑本园教师的年龄结构、专业水平，甚至性情喜好，并耐心倾听教师的意见和建议，不仅仅让他们成为教研活动的忠实"听众"。教研活动总少不了观念的碰撞，也只有这样才能产生思维的火花。但是在潜意识里人总是希望被肯定，因此被否定时就不经意地流露出不快。作为教研的组织者，面对一个积极参与研讨的教师流露这样的情感实在是不妥的，这样做的结果是"吓跑"了更多中肯的意见。其实，如果在倾听的基

础上加些思考,就会发现这些不一致的意见是很有价值的,它们会给我们打开另一扇窗。①(略有删改)

二是教研活动环节要游戏化,要让教师感受到探究的快乐而不是沉重。幼儿教师承担的工作负担较重,如果教研活动过于沉重,则会影响到教师对于教研活动的参与度和积极性。所以,教研活动的游戏化并不是单纯地指让教研活动变成"游戏",而是需要设计者和组织者在执行教研活动时能够采用趣味性较强、负担不重、参与度较高等方式,让参研教师能够身心轻松愉快地参与到教研活动中来,以保障参研教师都能积极主动地加入教研活动。

三是教研活动成效要有解决实际问题的建设性。教研活动的目标主要有两个:一为解决实际问题,促进幼儿、幼儿园的发展;二为引导幼儿教师进行专业提升。如果一个教研活动不具备这两个目标,那则是一次做无用功的活动,则是浪费教师时间、精力的活动。

四是要发挥教研组织者个人的智慧和魅力。教研活动的组织者是整个教研活动的灵魂所在,他关系到整个教研活动是否能够引导教师发展,是否能够解决实际问题,是否能够达成预定目标。所以,组织者必须发挥个体的智慧以恰当的方式引导教师进行教研,同时,组织者必须具备一定的教研魅力,能够让参研教师信服,能够引导参研教师跟随教研组织者一起进行研究。

案例

某园业务园长在随堂观看的28个活动中发现存在一些共同的问题:对目标把握不准;操作材料提供不当或不提供;活动方式方法不适宜等。对此,拟出了相应的对策:(1)开展设计教育活动的专题培训;(2)组织开展对教育活动方法、操作材料的专题现场研讨;(3)举行教师教育活动展示。

这一做法对解决上述问题非常有针对性,是可以借鉴的。幼儿园教科研重点是研究幼儿的兴趣需要和发展可能及其与环境材料的关系,研究幼儿教师的观察、分析和引导的合理性、有效性。

①吴舞.学会倾听,让教研更有效[J].早期教育(教师版).2014(1):37.

在参与等级园复查中,教研员发现所到的民办园活动区创设不符合幼儿年龄特点,材料种类单一,操作性、可变性差,不能满足幼儿活动和发展需求。对此,采取的相应对策是:(1)开展活动区创设专题培训;(2)组织到公办园观摩、研讨;(3)举行民办园教师自制玩具展评;(4)组织民办园活动区创设现场观摩、研讨;(5)开展民办园活动区创设竞赛评比。

因此,评价一个教研活动是否有效或判断一个教研活动是否好的标准主要是:目标明确,指令清晰;参与度高,积极性高;使用范围广、节奏把握准;有挑战和创新;方式多样,过程中有自评和互评及其成员间的反思。

第三节　园本教研促进幼儿教师教科研素养提升策略

幼儿园核心竞争力是教师的素养,教师专业素养是促进幼儿发展、园所发展的关键,而园本教研正是提升教师专业素养的重要手段。

园本教研是基于幼儿园工作实际的一种教师教研新方式,以解决幼儿园教育教学实际问题为直接目的,以提升教师的专业发展水平、促进幼儿健康和谐发展及园所可持续发展为根本目的,对开发和利用教师群体的行动智慧、引领教师的自我反思和同伴互助具有重要意义,对教师的观念转变成理性行为、提升教师的教科研素养具有举足轻重的作用。[①]

一、园长如何引领幼儿教师的教科研工作

随着幼教事业的改革发展,教科研越来越被幼儿园重视。通过教科研提高教师素质、形成办园特色,成为不少幼儿园的办园策略。而作为一线管理者的园长,肩负着引领教科研的重要使命。那么,园长应该做些什么工作来推动本园的教科研工作?

---

①靳瑞敏.幼儿园园长在园本研修中的作用[J].学前教育研究.2016(3):67-69.

(一)园长在教科研中的角色定位

园长是幼儿园教科研的第一责任人,一个幼儿园教科研活动开展得好不好,教师教科研素质发展的水平高不高,都是这所幼儿园的园长的教科研领导力的体现。园长要有丰富的教育教学理论和积极的教科研意识,才能在教师的教科研工作中起到引导作用。园长对教科研的认识程度和对待教科研的态度,直接影响着幼儿教师进行教科研的积极性,园长在教科研中有着很大的带头作用。园长不仅要在教学和科研活动中起到带头示范作用,还要深入教师的教育教学实践中去了解他们的情况,进而不断发现教育实践中存在的问题,给教师的教科研活动提出一些可行的建议,并为他们不断地创造有利的教科研条件。

每一个幼儿园都有其独特的情况,只有具备较强的教科研领导力,园长才能灵活地处理本园教科研发展中的问题,引导本园教科研的发展。园长的教科研领导力体现在幼儿园教科研活动的方方面面。作为第一责任人,园长要在正确、深刻理解教科研的基础上,建立有效的园本研究机构,塑造优良的幼儿园教科研文化,有力地将教科研活动推进下去,不断地提升教师的教科研素质。

(二)园长在教科研中的担当

园长作为幼儿园的领导者,首先要领导的就是幼儿园的教科研工作,尤其是在园本研修中应充分发挥其应有的作用。

首先,园长是园本教科研工作的首席研修者。园长作为第一责任人,只有亲自参与,才能领会园本教研的精髓。不但要积极参与园本研修,而且有必要发挥示范作用。作为首席研修者,园长第一项工作就是要认真调研,对本园的情况做出梳理,然后根据园所实际,确定最佳研修方向。第二项工作是要做好园本教研的内外沟通工作。协调内部与外部各种关系,有"走出去"行动,也有"请进来"举措,在多沟通、多请教、多邀请原则下开展工作。其次,园长是园本教研的组织保障者,要做好园本教研的规划和后勤保障,并参与确立具体的研究思路,把握教科研的定位、研究方向与研究内容。过程管理是教科研活动中最为重要的环节,园长要参与过程中的主要环节,进行研讨和培训。再者,园长是园本教研工作的引领者。营建良好的"支持性"教科研氛围,要把自己融入到园本研修群体之中,成为其中的一员,对每次园本教研的方向、内容、难度等作全方位考虑,并保证园本研修的主题、问题适合不同教师的兴趣和能力水平。确定引领的重点,比如:怎样理解选择的课题、将从哪些角度切入、需要解决教学实践中的哪些问题等。抛砖引玉,积极带领教师一起进行教科研,在转变教师观念的同时,引领教师们行为真正转变和落实。[①]同时也要注重总结和提升,起到画龙点睛的作用。此外,要注意赋予教师教研的自主权,积极创设民主氛围,避免对教师个人的评价,以便教师真正做到相互研究、切磋、交流,快乐投身于园本教研之中。

需要强调的是,园长要针对教师的不同特点"因'师'施研",在教研中引领新教师的职业观、教育观、儿童观、课程观,激发其工作热情。例如针对新老师和其他老师的园本教研引领会有所不同。新教师作为教师队伍的新生力量,其发展的速度、成长的质量决定了幼儿园未来的发展。新教师有知识面广、观念新、可塑性强等优点,但在专业水平和综合素养方面还存在很多"不成熟性"。在引领新教师开展园本教研时,首先要用团队的文化氛围影响、浸润之,使其尽快有归属感并产生专业认同,不再茫然于"做一个什么样的幼儿教师"。其次要关心幼儿教师专业技能和基本功的发展,使其经常打磨和练习自己的基本本领,在适当的场合给予机会进行展示。最后,培养教师的反思习惯。反思是引发教师在思想、认识上的冲突,再由冲突达到平衡的动力。让教师学会反思自身教育行为的价值、意义、原因,并解决冲突和矛盾问题等。

此外,园长还是联片教研(片区教研)的资源整合与分享的"领头兵",园长要有这样的意识和觉悟、责任和使命担当。在某一片区"轮值",成为该片区教研的引领者、组织者、参与者、帮扶者,或取经、或对话,基于组织和开展片区内教师的教研活动,在资源共享、相互促进的基础上提升片区教师和园本教师的教育教学水平和教科研水平。梳理出具有普遍性的问题,有利于体现不同片区的问题特色,也便于专家的集中帮助和指导,实现优质教育资源效益最大化,提高教育质量。

---

①靳瑞敏.幼儿园园长在园本研修中的作用[J].学前教育研究.2016(3):67-69.

二、家园共教研以促家园共育

家园共教研指的是幼儿园教师和幼儿家长一同针对研究主题进行教研活动,在活动中教师与家长将针对同一主题进行深入的讨论、研究、实施和完善。换句话说,家园共教研其实就是家园共育的一种新模式,即教研式家长会。所以,通过家园共教研这种形式的教研活动,不仅能够提升幼儿教师处理家长工作、与家长沟通交流的技能,更能够进一步促进家园共育的完善。同时,也让家长们享受丰富的精神大餐(包括幼儿园理念、课程、教学、科学育儿等家长们最关心的问题),不仅让家长解惑,也让家长成长。《纲要》中明确指出:"家庭是幼儿园重要的合作伙伴。"《指南》从微观角度阐明了家庭资源利用于幼儿园教育活动的重要性,并指出:"家庭、幼儿园和社会应共同努力,为幼儿创设温暖、关爱、平等的家庭和集体生活氛围。"由此可见,家园共育是幼儿园保教工作、幼儿教师教育教学工作重点之一,而教师与家长交流、沟通的策略和方法是确保家园共育成效的关键。

【案例呈现】以玩具为载体的家园共研①

【教研背景分析】托/小班孩子刚入园,情绪不稳定,易哭易闹易焦虑。为了稳定幼儿入园情绪,创设游戏吸引幼儿参与玩具分享,B幼儿园各个小班开展了"玩具分享日"活动,即每周固定周五为玩具分享日,所有的小班幼儿都从家中带一件自己喜欢的玩具,在这一天和同伴一起玩。在活动中教师发现,孩子们带来的玩具种类多、质量参差不齐,有些玩具不安全,还有些玩具不适合小班的孩子玩耍。该园家长虽然大多是大学教师,学历较高,但在育儿观念、对玩具的科学认识等方面仍存在很多误区,他们期望得到老师的指导,能理解并支持本次教研活动。

【教研安排】

时间:略

参与人员:各小班家长志愿者及家长代表、教师、园长

教研形式:以情境展示、玩具体验、研讨、头脑风暴、微视频等形式为支撑,以"研"为主的家长和教师共同参与的教研活动(家长和教师的比例是各一半)

---

① 孙为为.以玩具为载体实施家园共教研的策略[J].学前教育.2017(3):32-34.

【教研实施过程】

【共教研1】从玩具分享日的现场录像中发现问题及根源

看:现象背后所反映的理念

听:家长对玩具的认识

析:现象背后的原因

【共教研2】在情境案例中研读2-3岁幼儿的游戏水平和特点

1. 情境再现幼儿的典型游戏现场(略)

通过情境再现的形式,不仅梳理了教师在日常中观察到的现象,也呈现了2-3岁幼儿的游戏水平和特点:以自我为中心,情感依赖性大,缺乏交往技能,游戏以独自游戏和平行游戏为主,较少出现合作游戏,还常常发生争抢玩具的情况,注意力易分散。

经过这次共研,家长能够和老师在相互理解的基础上看到孩子的争抢、交往等问题,更有利于家园工作的开展。因此,这样的家园共研能让家长以理解和尊重幼儿的心态去接纳孩子在游戏中的各种表现,为后期的策略产生奠定基础。

2. 家长再现孩子在家玩玩具时的典型案例

通过家长们出示携带的玩具,分享孩子在家中玩玩具的典型情景(可以是视频,也可以是文字描述,或故事讲解等),发现家长们有诸多困惑:不知道什么样的玩具适合孩子,不知道如何发挥玩具的相应作用等。

分析:根据家长们的困惑,老师和家长一起互动,结合玩具分析玩具所独有的特征。首先,探讨2-3岁孩子喜欢什么样的玩具,为幼儿选择玩具打好基础。最后达成共识:有声玩具通常能吸引托班幼儿的注意力;安全系数高的玩具降低了玩具对幼儿伤害的概率;有多种玩法、可变性强的玩具能让幼儿持久专注地玩;形象可爱、能产生情感共鸣的玩具更容易被幼儿接受;特别是家长和孩子一起自制的玩具更能让幼儿爱不释手,不仅幼儿兴趣浓厚,专注力强,还有利于形成幼儿的动手动脑的习惯。因此,安全性、情感性和教育性是玩具的重要价值,这对于家长进行的家庭教育具有重要指导意义。

【共教研3】展现亲子互动现场,研究丰富的互动策略

问题:家长不知道如何利用玩具与孩子互动

选择:一个与孩子在玩玩具时能进行良好亲子互动的家庭

方式:在微信群里展播

现场:家长和教师通过头脑风暴的形式,用PPT及网络图等呈现了自己与孩子在玩具互动中成功的策略:选择安全且孩子喜欢的玩具、融入孩子的游戏情景中陪伴游戏、

用恰当的语言引导、与孩子共情等。当孩子不专注时,先从玩具合适与否反思,再从孩子的具体需求分析……这样的研讨内容为家长们的育儿增加了可操作的技能和经验,积累了处理玩玩具过程中的一些突发事情的应对技巧,启发了家长陪伴孩子玩玩具的重要性。

【共教研4】探寻玩玩具背后的教育价值

经过三次教研活动,家长对玩具有了较全面的认识,有了前期的系列经验,再次带领家长一起明确玩具背后的教育价值,便水到渠成了。一是在教研过程中,每位参与教研的家长带一个自认为最有价值的玩具,与大家分享,请家长介绍此玩具有哪些教育功能,教师总结。二是教师结合日常中的案例,明确家长陪伴孩子玩玩具和游戏的价值。

【共教研5】以区域自制玩具为例,梳理科学育儿策略(略)

参与这次教研活动的家长,既是积极劳动者,也是智慧贡献者,更是学习者。通过家园共教研的方式,我们相信家长和教师有了一次深层次的交流和沟通,增进了相互的理解,达到了很好的效果,为2-3岁幼儿的科学指导和温情陪伴打下了坚实基础。

家长们与教师们一起进行深层次的交流,可以在教育理念和观念方面产生激烈碰撞,在教育孩子方面交换意见和想法,提出一些行之有效的、可以操作的办法。更重要的是,更进一步加强了家长和教师之间的联系,让每一位家长对幼儿园工作,对幼儿教师工作状况有了更深的了解和理解,在携手共同培养孩子上达成了共识,产生了共鸣。

三、实施审议式教研策略以提高教师问题分析能力

审议是指审查和评议,审查是对有关问题的清晰了解,评议是对问题的成因分析与解决策略拟定的各抒己见,最终从中选出最适宜的方案。审议式教研是围绕某些问题开展有组织的集体活动,能最大限度地使教师话语权落地放大,高度凝聚教师智慧,使教育问题通过教师间的讨论与权衡,获得一致性的理解与解释,最后实施科学、合理的实践变革。审议式教研摆脱了以往园本教研的"自上而下""有上无下"的局面,使参与教研的教师的研究状态由被动变为主动,教研人员由个体变为集体,教研路径由随意变为规范。

审议式教研需要关注特定的情境,关注教师的现实状况,就事论事,鼓励教师总结和提升自己的经验。可以审议现实的保教活动,还可以审议一些保教活动的记录材料、课程备案、教学视频等。但审议的范围和层次不能仅停留在某个层面,应把共识与改进作为审议的追求。

审议式教研具有程序性(前一步程序是后一步程序的基础,后一步程序是前一步程序的提升)、策略性(形成解决问题的策略)、行动性(解决问题的策略一定要落实于教育教学实践)和循环性(一个问题可以反复数次重新研究,形成螺旋上升的研究路径)。整个审议要求问题的草根性、经验的聚焦性、研究路径的缜密性、成效的实用性。审议式教研的流程是:收集问题——筛选问题——发布问题——分析问题——形成策略——实践回归。在形成策略的过程中分成两个阶段:第一阶段是形成广泛性策略,每个教师在经验整理与迁移中形成个人策略,如果各方面提供的策略较多,难以确保问题解决策略的合理性时,就需要几个人一组组成研究作坊,所有教师发表看法、互动研讨、达成共识,最后由组长交流汇报本组的审议教研的结论;第二阶段是聚焦核心策略,这是商议最终策略的过程,一般采取投票或举手表决,票数多的为第一策略,以此类推,最终获得具体可行又便于教师操作的解决问题的策略。①

审议式教研活动记录表

时间		参加人员	
审议主题		主持人	
主题确定前教师的思考	(包括对教研主题目标、准备、资源利用、环境、区域活动即课题活动内容等方面的思考)		
主题确定中教师的思考			
主题确定后的反思与总结			

四、实施专家团队引领式教研以促进教师专业成长

只有真正进入教育现场,才算得上"浸润式"教研,但还需要"把关者",只有其才能让教研有深度和广度。专家引领是教科研发展的重要助力。教师搞教

①唐燕迎.审议:一种行之有效的园本教研模式——以我园"健康区域活动中的材料资源提供"教研为例[J].早期教育(教师版).2014(2):42-43.

科研,首先必须有参与教科研的意愿,有了这种意愿,还需要专家的引领,在教育理念、研究方法等方面给予支持。因此,在目前大多数幼儿教师教科研能力不足以独立、高效地开展教科研的环境下,必须发挥专家引领的重要作用。幼儿教师作为研究与发展的主体,要在教学实践活动中实现自身的发展;合作的专家作为协助者,要提供思路与建议帮助教师更好地实践,引导教师逐步进入正规的教科研。幼儿教师与专家一起定期讨论,共同研究来自幼教实践中的问题。专家能给幼儿教师提供理论指导和支持,帮助幼儿教师对现实中的问题、困惑寻求合理的解释,并找出解决问题的办法。幼儿教师在总结经验的基础上又上升到一定的理论高度,这样,既能实现理论价值,又能促进实践。

在专家精心指导下开展行动研究,提高科研能力。行动研究虽然重视教师在专业发展中的主体地位,认识到"每一个课堂都是一个实验室"。但同时,也意识到教师在教育理论方面的薄弱性。行动研究分为"一线的行动研究"与"二线的行动研究"。其中一线指的是教师在教学实践中的反思与研究。二线指的是专家的指导、辅助。教师由于知识、能力方面的不足,无法有效地进行研究与提升自身的素质,需要专家的协助。在专家精英化指导下开展行动研究,教师有机会与专家交流与探讨。一方面,自身观念的表达也是促进其反思的过程,在表达的过程中,对于自己的行为及背后的思考更为清晰、明了。另一方面,教师自身的教育理念也可以得到专家的意见与反馈,可以借助大家的力量更好地发现自身的问题。

(一)基于问题解决的现场互动式教研

互动式教研是以教师为主体,在与专家、其他教师互动的过程中观察、感受、发现、提高,从不同角度切实感受幼儿教育的真正内涵,从而改善观念、转化行为的教研方式。[1]互动式教研一般按照"问题提出——教研过程——反思"的思路,让教师成为教研学习的主人,注重开放、互动、体验式的教研氛围,强调过程中的体验和感受,改善教师的观念和行为,鼓励教师主动思考、探究,启迪教师的创意和智慧,促进教师整体团队专业水平的提高,从而促进师幼协同发展。

---

[1]熊庆华,高以华.在互动式教研活动中促进教师主动发展——从故事表演教研活动说起[J].学前教育.2017(2):13-16.

教育教学研究是教师之间就教育实践中的问题所展开的平等、专业的对话。探寻开展园本教研的策略与方法,力求让每一次教研活动都能切实有效地解决问题,从而有效促进幼儿园保教质量的整体提高。[①]

这里所说的问题即教师在教学常态形式下面对的真实的关键性教学问题。当教师意识到自己的教学中出现了某种"问题",并想方设法在"行动"中解决问题,且不断回头"反思"解决问题的效果时,教师就踏上了一条由"问题——计划——行动——反思"铺设的"问题式"教科研的旅程。

1.实施问题诊断策略以寻找关键问题

实施问题诊断策略以寻找关键问题,是一种最基本的、最有效的方式,其流程见图3-1。园本教研应关注保教活动中的问题,特别是影响教育活动水平提升的关键问题。

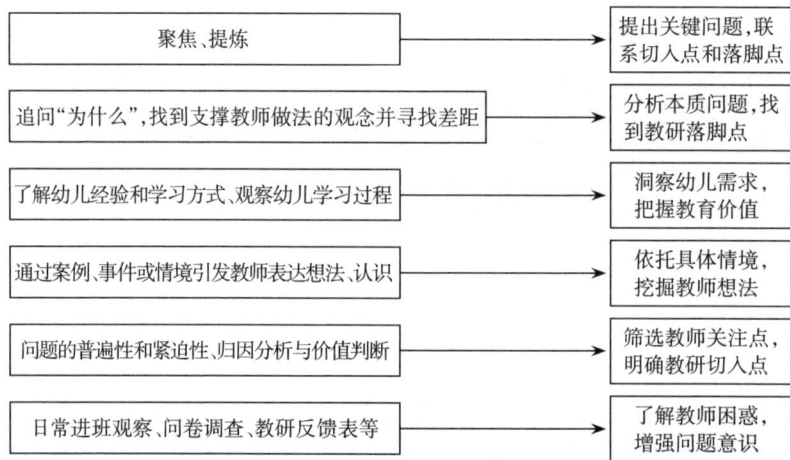

聚焦、提炼	→	提出关键问题,联系切入点和落脚点
追问"为什么",找到支撑教师做法的观念并寻找差距	→	分析本质问题,找到教研落脚点
了解幼儿经验和学习方式、观察幼儿学习过程	→	洞察幼儿需求,把握教育价值
通过案例、事件或情境引发教师表达想法、认识	→	依托具体情境,挖掘教师想法
问题的普遍性和紧迫性、归因分析与价值判断	→	筛选教师关注点,明确教研切入点
日常进班观察、问卷调查、教研反馈表等	→	了解教师困惑,增强问题意识

图3-1 实施问题诊断策略流程图

2.实施方案设计策略以实现教师自悟

自我发掘问题——自我分析问题——自我设计方案,这一系列的策略不仅能够帮助教师自主解决个体所遇到的问题,同时,还能引导教师在分析问题、设计方案的过程中发现自己在教育教学工作中的不足,增强教师的自悟。

[①]周莉.以问题为本的行动教研——以"主题背景下的音乐活动"教研为例[J].早期教育(教师版).2014(9):47-48.

3.实施互动研讨策略以激发教师的主动思考

在互动研讨的过程中,教师需要经历倾听——挖掘——设问——建议这些步骤,在经历这些步骤的过程中,需要教师去思考他所听到的,去挖掘问题的所在,去针对这个问题提出自己的意见和建议。在整个过程中教师会逐渐形成自主思考的意识,久而久之,自主思考就会变成一种习惯,融入教师的生活中。

4.实施日常指导策略以跟进教师常态研究

深入班级实践,在与教师的日常互动中明确关键问题;营造宽松环境,在开放平等的氛围中进行集体论证;鼓励个人的研究性实践,帮助教师从不同切入点开展个人行动研究;组织分享交流,结合实践进行集体反思与同伴互助;反复开展实践,支持教师深入探索更加适宜的教学策略;注重集体会诊,找出实践中新遇到的问题开展合作研究;寻求专业引领,通过与专业研究人员对话或利用其他专业资源提升认识;带领全体教师进行再实践,形成全园统一的价值观。

5.实施成果转化策略以形成制度与文化

总结提炼已有经验;验证、完善已有成果;交流、传播有效果的经验;通过民主讨论形成公约;通过制度建设保障研究成果变成自觉行为。

【案例1】聚焦"观察"的园本教研

教研背景:一线教师要"爱上观察真的很难",不是他们不愿意观察,而是他们不知道如何观察、记录和解读。为了帮助教师慢慢走近观察,特开展聚焦"观察"的教研沙龙活动。

教研过程:

第一次研讨:找准观察的"眼"

1. 寻找问题

主持人:观察能帮助教师理解儿童的行为,改进现行课程计划。但是究竟观察什么? 如何观察? 下面提供一个片段,请找找问题所在。

【观察片段1】今天小刚选择在木匠区玩,只见他先拿锯子锯了锯里面的材料,然后去拆装桌椅的地方玩了一会儿。最后,他去了粉刷区,粉刷起来……

师1:记录太简单,想表达什么不明确。小刚在每个地方玩了什么? 怎么玩的? 描述不具体。

师2:这个观察记录中的信息对老师发现问题,解读孩子行为没有多大帮助。

师3:这个观察记录只是记下了所见,没有记录当时的所想。

……

2. 谈谈建议

主持人:你们能给出一些观察的建议吗?

师1:要观察某个行为的全过程……

师2:记录要有重点,比如:提供了什么材料,小刚玩了哪些材料,玩这个材料的时间是多少。

3. 寻找经验

主持人:大家的建议基本一致,就是观察必须有重点、有目的。那我们再看一个观察片段,你有什么发现?

【观察片段2】

观察线索提示	行为实录
1. 选择与运用了什么性质的材料? 2. 选择的材料是否适宜? 有无目的性……	A正在往玻璃瓶中装豆子,她先装一层红豆,再装一层绿豆,又装一层黄豆,显得很有规律……

师1:这个观察提供了一些线索,观察目的更明确了,一看就知道指向材料。

师2:观察指引得特别好,这些信息有助于教师收集线索,解释奥秘,对我们新教师特别有帮助,可这个线索是怎么拟定的呢?

主持人:关于观察线索,向大家推荐一本具有丰富实例和详细观察要点的"宝典"——《幼儿行为的观察与记录》(第五版),相信会让你收获颇多。

4. 形成共识

主持人:好的观察需要,第一,预设内容,找准观察的"眼",让教师有的放矢地对幼儿进行观察;第二,拟定线索,教师在观察之前可以拟定一些观察线索,这些线索不仅能更好地方便教师观察,还可以让收集的信息更全面、更有价值;第三,捕捉偶发,一些偶发的、有意义的事件更能让我们发现儿童、了解儿童、走进儿童,因此我们要学会捕捉一些活动中的精彩瞬间、特别意外并及时记录下来,它会让我们有别样的收获。

第二次研讨:掌握记录的"式"

主持人:上次园本教研活动后,老师们对观察什么,如何观察,有了比较清晰的了解。但是由于观察主体与对象、目的与要求不同,记录的方式也就不同。今天我们的研讨活动就邀请了几位老师来介绍他们的一些记录方式,看看这些记录方式对你有什么启示?

1. 说一说

唐老师:表格式记录(文字+数字)

观察时间		观察地点		观察者	
第一次选择	膨胀盒	螺旋小鸟	飞碟	大风车	
选择人数	2人	3人	7人	6人	
随记	略				

李老师:微视频记录(视频略)

周老师:符号记录(符号+文字)

观察内容	动感滑轮	观察时间	年　月　日	观察者	
第一次玩		第二次玩	第三次玩	第四次玩	
符号略(根据自己喜欢的符号记录)		符号略(根据自己喜欢的符号记录)	符号略(根据自己喜欢的符号记录)	符号略(根据自己喜欢的符号记录)	
随记	略				

秦老师:照片记录(照片+文字)

2. 议一议

师:唐老师的记录方式简洁实用,能精确了解孩子对每一种材料的选择动态,对材料适宜分析及再调整具有一定的指导作用。

师:李老师的微视频记录的最大优点是客观真实、具体全面并能再现回放,能让老师完整地审视整个活动过程,为发现问题、辨识问题、调整策略提供更好的第一手资料。

师:周老师的符号记录简单、直接,能真实再现之前的学习方式以及学习过程,从中分析出孩子的学习特点,可以让教师采取更有效的指导策略支持孩子的学习。

师:秦老师的照片清晰再现当天孩子活动的整个过程,文字清晰且记录了师幼、幼幼之间的对话,老师的心理活动过程。这种记录全面生动,也便于事后整理回顾。

3. 形成共识

主持人:刚才很多老师介绍了自己的一些记录方式,大家也发现了其中的优点,在实际运用中,希望老师们注意以下三点。第一,因需运用。记录意图和情形不同,记录的方式也应不同,我们要选择最能反映观察重点的记录模式。第二,客观真实。记录意在展示现实生活、学习中儿童完整而真实的画面,我们要做到相对客观、绝对真实,这样才能为分析解读提供有效信息。第三,允许参与。教师不只是在一旁默默地看与记,也可以参与到幼儿中间去,这样互动的形式可以更好地记录幼儿行为,探究背后的东西,了解幼儿行为的原因和想法,真正地走进儿童的世界。

第三次研讨:解读儿童的"行"(即行为)

主持人:解读的过程,是对记录赋予意义的过程,同时也是建构思想的过程。那么到底如何解读儿童的"行",读懂孩子的心呢? 这也是我们教师的难点。今天就让我们一起来探讨这个话题。请看王老师的一段视频记录。

【视频内容概括】斑马裤男孩在装配一把椅子。他一会儿看看玩具箱上椅子的示意图,一会儿埋头忙碌。小椅子的靠背在他的努力工作下初具雏形。他开始装配椅子的坐面,遇到困难,邀请了在旁边开工程车玩的蓝背心男孩加入他的装配工作。他们继续装配,时不时地瞅瞅示意图。最终合作装配成功。

1. 试试解读

主持人:谁愿意试着来针对录像中看到的做一下解读分析。

师1:孩子是有自己的学习方式的,教师要避免不恰当的介入。

师2:环境的隐蔽性教育作用非常大,我们要为孩子提供可支持学习的环境。

师3:孩子有自己的交往方式,遇到问题也有自己寻求帮助的方法。

主持人:老师们从不同角度进行了解读,那我们一起来听听拍摄这段录像的王老师看到了什么,想到了什么,接下来她又做了什么。

2. 聊聊感悟

王老师的解读:要关注隐含学习目标、助推活动深入的支架性环境的创设,让环境的存在富有意义;要恰当适宜地指导,继而掌握正确时机;要尝试差异化的组合方式,为孩子传递信息、促进交流、有效互动提供支持……

主持人:从刚才这段观察解读中,老师们感悟到了什么?

师1:王老师分析很透彻,关于环境创设、指导方式、组合方式的思考与分析有很大的启发意义。

师2:王老师有理念上的转变,解读孩子的同时也在深思自我。解读后又具体地制订了跟进措施,提出了今后游戏中可以尝试的地方。

3. 形成共识

主持人:要解读孩子的"行"并不是一件容易的事,我们必须做到以下三点。第一,有理论支持。教师要学习并掌握一定的儿童发展理论,了解幼儿发展的特征、目标与方向,了解不同理论流派看待这些特征的不同视角和方式,从而透析幼儿行为背后的意义。第二,寻求策略。教师不仅要分析"为什么",更要寻求策略,看下一步"怎么办"。第三,行为落实。解读"行"是为了调整"为",教师一定要调整自己的教育目标和教育策略,通过环境创设、材料提供、技术支持等回应策略来帮助孩子的学习与游戏。

唯有了解我们自己思想和情感的反应方式,我们才能真正帮助孩子成为一个自由的人。蒙台梭利非常强调对孩子的观察,认为通过观察儿童,教师将学会怎样使自己成为一个理想的教育者。幼儿教师做观察记录是提高自身专业素养的一个重要途径,能够帮助幼儿教师发现教育中的闪光点,为幼儿教师反思提供一个新的契机,促进教师的反思能力提升,有利于教师的科研能力和教学水平的提高。通过长期积累的记录,可以了解幼儿的兴趣和在某些方面的发展水平,了解幼儿之间的个别差异,了解幼儿个别现象背后的原因,了解其发展的历程等。《纲要》指出:采用观察记录的方法收集幼儿发展的资料是教师每天都必须做的。老师要具备观察记录的意识。

看懂幼儿行为是幼儿教师专业素养的重要体现,解读幼儿行为是教师目前最大的困难,不懂幼儿行为常常导致教育行为的偏差。

以上案例是一个聚焦观察记录的沙龙式教研活动,层层深入地剖析了如何进行观察、如何记录、如何解读幼儿的行为。在这个教研活动中,通过教师们之间的谈话、交流、分析、分享等互动方式,教师们进一步明晰了观察的重要意义,掌握了多种记录的方式。它规范了教师的观察,使观察成为教师的习惯,保证有效省时,它也使得教师在以后观察的时候更有方向性,懂得如何透过观察记录解读孩子行为背后的真正含义、内心的真实想法,提升课程的敏感性。更重要的是研讨来自老师们共同的困惑,渴求解决的愿望让老师们有了研究的内驱力;研讨活动中经验的分享、骨干教师的引领让大家产生了心灵的对接、意见的交换,由此也能带来视野的拓宽、思维的拓展和理念的转变。

在观察、记录好孩子的"学习故事"或"成长轶事"后,我们需要去解读和诠释我们所观察到的"信息",可以根据意义解读、价值判断、内在逻辑、原始归因四个维度进行释义。

【案例2】中班区角活动材料投放有效性教研①

教研背景:上学期A园教研重点是关于班级区角活动的有效性研究,希望通过一学期的园本教研活动,让教师对区角的创设、材料的投放、游戏的设计、组织及指导的能力有较大提高。其中一个教研活动的主题是"中班益智区材料投放的有效性"。教研活动的方式是集体观摩一个中班益智区的活动,然后就观察所获得的第一手资料进行交流和研讨……

【研讨环节实录节选】

主持人:刚才王老师和保育员张老师对区角活动分别做了执教反思和配教反思,现进行集体研讨,请各位老师围绕研讨主题结合自己的观察记录发表意见。

师1:我观察的是益智区的整体情况。亮点是:第一,材料的投放超越了幼儿的生活经验,并具有一定挑战,幼儿是有兴趣的;第二,幼儿初步养成了参与活动的良好习惯,对操作活动专注,积极思考,动手动脑。不足:第一,材料投放的有序性和逻辑性不够,材料摆放的位置不够合理;第二,今天教师区角活动指导重点是益智区,那么教师的指导能否更深入和具体一些?

师2:我重点观察的是益智区中幼儿玩"找规律"的情况。我观察到幼儿比较投入,教师能针对发现的问题及时指导。值得探讨的问题是:第一,个别幼儿完成一种材料操作后,不知道应该再换一种材料,而是等待老师的指示,这说明幼儿不清楚"找规律"活动的材料种类和数量;第二,找规律有多种方法,但孩子的表现比较单一;第三,材料不具备引发幼儿之间的相互交流与探讨的功能。

师3:我重点观察的是益智区中幼儿在数量守恒与排序活动中的情况。值得关注和探讨的问题是:教师如何由浅入深地呈现出材料,投放新材料的时候是否需要引导幼儿在观察和了解材料后再进行操作?

师4:我在观察益智区的同时还观察了相邻的建构区,有两名幼儿进区活动,这个区投放的材料是一些大小不一、形状不同的废旧纸盒、纸箱。幼儿先观察了盒子,然后通过两次合作平铺了一些形状。需要探讨的地方:材料投放数量过多,影响了孩子的操作专注性和收拾整理。

……

主持人:全体教师都交流了自己的观察信息和提出了需要研究的问题,就这些问

---

①冷静.功在平时 重在积累 务实反思——以"中班区角活动材料投放有效性"的教研为例[J].早期教育(教师版).2014(4):36-37.

题,大家也提出了自己的看法和困惑。同时也达成了一些共识:第一,尽量多提供有结构层次的材料、半成品材料;第二,投放的材料数量要适当,并要有层次性;第三,材料的摆放要便于幼儿的取放,最为重要的是必须根据幼儿实际发展水平及时调整和添加材料;第四,活动材料可以围绕主题内容投放,但不能局限于此,因为活动区还是以孩子的自由游戏为主,多种材料和常规材料都是必要的,要留给幼儿足够的选择空间。今天的教研活动关注细节,参与者的观察和分析比较到位。这次区角活动优点在于:(1)活动中有规则,活动有序、流畅;(2)活动材料丰富,尤其是低结构的材料较多,激发了孩子的想象力,兼顾到了孩子的已有生活经验;(3)考虑到了当前的课程主题,使区角活动成为主题活动的延伸和拓展;(4)幼儿的作品得到了较好的呈现,成为环境内容的一部分;(5)区角活动充分发挥了保育员的作用。需要改进的是:(1)区角活动评价的话语权要多交给孩子;(2)教师区角活动观察的计划性和目标性要加强,如每周重点关注一两个区的不同点。

教研活动是否有效,关键是看幼儿教师参与教研活动的态度、行为和能力,功在平时,重在积累,要务实反思。在上面这个教研活动案例中,每名参与教师都能对执教教师的言行发表自己的观点和见解,既能看到区角活动的优点和亮点,又能看到不足和需要改进的地方。正因为这种教师之间的不同观点的阐述,才能有思想的碰撞和交流,才能激发大家的深层反思、启迪智慧,才能达到相互学习、提升业务能力和教科研水平的效果。

(二)基于专题研讨的案例式教研

案例研讨式教研活动是一种关注一个或多个教学活动或教育事件,围绕核心话题展开集体研讨,形成一条或几条操作要点的教研活动。[1]

【案例】语言教学活动——兔子不喜欢夜晚(大班故事教学)[2]

【寻找教学设计的美中不足】

"兔子不喜欢夜晚"这个故事情节简单明了,对大班幼儿来说,听懂和讲述这个故事应该很简单。因此,打算用最简单的教具来完成教学目标:1. 喜欢故事,能说出白天和黑夜的特点,同时理解这是大自然的规律;2. 尝试在"辩论"中大胆说出自己的想法,并学习用"我喜欢……因为……"的句式表达句子的完整意思。目标2是重点也是难点,如

①李莉.幼儿教师专业发展视角下的"教师实践共同体式教研"[J].早期教育(教科研版).2015(6):33-36.
②潘晓虹.以"磨课"为载体 促教师的专业成长[J].早期教育(教师版).2014(1):34-36.

何破解"辩论"这个难点呢？关键是将兔子和猫头鹰对白天和黑夜的不同理解，内化为幼儿自身对白天和黑夜的不同感受，并能大胆地阐述自己的观点，从而在语言教学中给幼儿多说、能说、有机会说的积极应答的环境。于是F老师设计了这样的教学稿：

一、黑白畅想

1. 看到黑色卡纸你会想到什么时候？黑夜里有些什么呢？又能做些什么事呢？

2. 看到白色卡纸你又会想到什么时候？白天有些什么呢？白天我们可以做些什么事呢？

3. 教师：我们在说白天和黑夜，兔子和猫头鹰也在争论白天和黑夜的问题，一起来听听它们是不是这样说的。

二、走进故事

1. 讲述故事第一部分（感受角色对话）

(1)兔子会怎么说？它喜欢什么？为什么？

(2)猫头鹰为什么喜欢黑夜？

2. 继续讲述故事第二部分（用完整的句式表达）

(1)猜猜野牛是怎么评的？它会喜欢什么？为什么？

(2)小鸟喜欢什么？为什么？

三、白天黑夜辩论会

1. 组织分队：分成白天组和黑夜组

2. 比赛规则：先说喜欢什么，理由要正确而且不能重复，就能得分。

3. 比赛结束。

4. 结果分析：

(1)如果只有白天会怎么样？

(2)如果只有黑夜会怎么样？

5. 教师小结：原来白天和黑夜就像一对好朋友，轮流上班，少了谁都不行，白天和黑夜是一样重要的。

四、完整欣赏故事

整个教学过程环环相扣，教师教得很顺利，小朋友也很有激情，气氛不错。但质疑的是：

1. 教具的使用太牵强。展示一张白纸和一张黑纸就让幼儿进行白天和黑夜的联想实非易事，浪费了太多的时间，最后才引到主题"白天和黑夜"。

2. 对大自然规律的感悟是重难点，但这个规律似乎幼儿没有能够在教学中感悟到，而是教师直接告诉孩子们的。

3. 目标的落实有待加强。

【师幼互动"错位"】

F老师开始重新整理教案，整理得很仔细，把自己要说的每一句话，把幼儿可能回答的每一个答案，都做了详细的预设。下面是F老师调整后的两个教学片段：

片段1：

师：猜猜，兔子会喜欢什么时候？为什么？

幼1：喜欢白天。

幼2：喜欢黑夜。

师：先要说喜欢什么，还要说出喜欢的理由，这样大家一听就明白了，对不对？

幼1：兔子喜欢白天，白天可以上幼儿园。

幼2：对，白天可以做游戏。

幼3：兔子应该喜欢黑夜，晚上可以看动画片。

师：这是你们喜欢的理由，不是兔子喜欢的。兔子为什么喜欢白天呢？我们来听听。(放录音)

(此时教师根本没有考虑这些答案是孩子原有经验的再现，所以在回应上没有支持孩子的当下需要，一味被预设的教案框住了思维，迫不及待地给出"正确"答案。)

片段2：

师：猜猜，小鸟喜欢什么时候？为什么？

幼1：小鸟喜欢白天，白天可以在树林里飞来飞去。

幼2：我也觉得小鸟喜欢白天，白天可以捉虫子。

师：是吗？我们来听听小鸟自己怎么说的。(放录音)

(当孩子根据自己的经验给出的答案与教材的原答案相反时，教师显得束手无策，不会辩证地引导，如果能及时回应："如果小鸟说它喜欢黑夜，你们知道这是为什么吗？猜猜看。"其互动效果就完全不一样了。)

【琢磨教学细节】

根据大家的建议，以及上几次的经验，F老师对教案做了大幅度调整。

1. 调整第一环节。将黑白卡纸改为大屏幕或PPT投放黑夜和白天的背景，在这样的环境创设下，让幼儿更直观地回忆和想象白天和黑夜里不同的景象，为下文的辩论做好铺垫。

2. 将平板的挂图改为图文并茂的课件,以吸引幼儿更好地倾听和理解故事。

调整之后,F老师满怀信心地开始了第三次磨课。可是事与愿违。小朋友只对故事本身感兴趣,在辩论时,竟然全部选择白天,而没有人选择黑夜,幸亏F老师随机应变,问了一句"如果只有白天会怎样呢?"经过这一引导,幼儿才三三两两坐回了几个,勉强把这个辩论进行到底。显然,这次活动以失败告终。主要原因是,教师自身角色定位恰当,但对孩子原有经验认识不足,设计的提问缺乏有效性。

就这样,一次又一次地"磨",似乎有越磨越糟的感觉,因为每次总有问题出现。课没有磨好,F老师的斗志却磨掉了。

【专家引领练兵】

打开心结:每个人都有自己的教学风格,大家给出的意见,要扬长避短,取其精华去其糟粕,要分析思考,不要全盘接受,找回自己需要的东西,就是成长。

重审目标:将目标重新定位。例如,将目标2改为:能倾听同伴表述及大胆合理完整地表达自己的观点和理由。增加一个目标:初步理解故事中蕴含的科学道理,并敢于质疑。

寻找策略:例如,当F老师提问:"你们是喜欢白天还是黑夜呢?"幼儿往往选择白天,造成双方人员数量悬殊,辩论无法进行。可以把提问改为:"你们是支持兔子还是猫头鹰呢?"这样,再进行选择的时候就没有"一边倒"的情况了。

柳暗花明:一次又一次的磨炼,F老师终于成长了。

(三)基于"课例"的进班式教研

基于"课例"的进班式教研,即以磨课为载体促进专业发展,其间要注重倾听,以达到从研"课"走向研"学"的目的。

从关注怎么教到关注怎么学是当前教学认识的重大转变。课例研究是园本教研的一种形式,它以教师合作形式进行,立足于实践,凸显学生学习的重要性,指向教学改进和提升,统整了教学和研究。实施的时候可以按照课前会议、课中观察、课后会议开展分析。观摩教学不只是让教师展露身手,还是相互学习的过程。[1]

课例的研究实质上是研学。集体性教研活动难以解决部分教师的特殊问题,而进班式教研就能有针对性地引领教师个体的专业成长。

---

[1]邵朝友.朱伟强.以课例研究为载体开展学情分析[J].中国教育学刊.2015(2):73-76.

【进班式教研案例】①

【教研主题】提升创设游戏区域和游戏指导水平的进班式教研

【教研背景】一所农村乡镇幼儿园,教师A是由小学转岗进园的教师,由于多年小学教师的专业背景和教育实践,她更多关注也更胜任于集体教学活动,对于区域游戏的组织和指导理念不够、方法欠缺。

【教研过程】

1. 第一次进班研讨:教研主任周老师引领A老师创设基本符合要求的游戏区域

周老师进入A老师班里,看见教室里只有娃娃家、建构区、棋牌角、图书角和美工区五个游戏区,并且区域中的游戏材料多是成品,只有美工区偶有一些半成品材料。周老师认为首先要解决的问题是帮助A老师了解并明确设置中班游戏区域的基本要求和应该提供什么样的游戏材料。

周老师首先请A老师观摩了自己班里的游戏区域,同时向她讲解创设幼儿游戏区域的基本理念与知识,两人进行了热烈讨论,最后决定围绕A老师班当前的教育主题活动"我爱妈妈"设置游戏区域,并根据本班幼儿人数和教室面积,确立了七个区域和各个区域的内容,最具特色的是"缙云环保屋",里面提供了多种废旧材料让幼儿进行手工制作。主题和内容确立后,A老师与同班其他老师一起动员家长来园,和幼儿共同创设区域环境和自制游戏材料。在班级区域创建的过程中,周老师还带着A老师到示范园观摩学习。A老师回班后对自己班级中所设置的各个区域进行了完善,使得这些区域初步符合中班的幼儿特点、教育要求和本班实际情况。

反思一:面对一名缺乏区域游戏知识和经验的老师,通过实地考察,知道了A老师缺乏区域游戏的实践经验,缺乏相关理念和知识,于是在考察时给A老师讲解了理念和知识,有效指导其掌握了创设中班游戏区域的要求与方法。

2. 第二次进班研讨:提升A老师组织和指导区域游戏的水平

在A老师班里的区域游戏开展了一段时间后,第二次进班。这次是教研主任周老师和中班年级组全体教师。研讨的重点是A老师对区角游戏的组织和指导。A老师按照自己预设的计划组织幼儿的区域游戏:开始部分是集中谈话,教师通过图片、谈话方式指导幼儿回顾了上次区角游戏的优点并反思了不足,组织幼儿就上次活动中存在的问题,讨论解决的方法;基本部分是幼儿进入区域开展游戏,A老师到各区域进行指导,为有的游戏提供支持和帮助;结束部分是游戏评价。

①欧隆芳.进班式教研,园本教研新举措[J].早期教育(教师版).2015(1):42-43.

区角游戏结束后,开始了研讨活动。过程如下:

首先是A老师的自我反思与评价。A老师在自评中提出了自己深感疑惑的问题:一是主题背景下的区域活动是否要求每个区域的活动都必须与主题有关;二是如何有效地提高幼儿建构游戏的水平;三是如何有针对性地指导幼儿的操作。

其次,参与研讨的老师对A老师的游戏活动进行分析与评价。大家认为:A老师在区域游戏的组织上是比较有序的,游戏环节也比较完整,但缺少指导的重点,预设较多,使得幼儿在游戏中放不开手脚,缺少自主和创意。针对A老师所提出的问题,其他教师也都交流了自己的认识和做法,但同时表示他们也想了解三个问题的正确答案是什么。

最后,周老师对研讨做了小结,重点是对A老师所提问题的解答。

(1)班级中所设置的游戏区角不必都与主题有联系,教师要根据不同游戏区域的内容、材料,自然而有机地渗透主题活动的要求和内容。

(2)刚才发现,幼儿在搭建物体过程中方法单一,建构作品种类不丰富。面对问题,A老师要学会分析原因,如:幼儿常用材料的形状和规格,探讨幼儿乐于使用某些形状和规格的材料而不去动用其他材料的原因;活动中,幼儿运用了几种搭建方法,探讨幼儿不应用其他搭建方法的原因,是不是因为幼儿还不会这些搭建的方法。

(3)A老师在游戏中有针对性地指导幼儿,这很好。在刚才整个区域游戏时间里,A老师都很忙碌,走进了每个游戏区域,关注到全体幼儿,但指导作用不大,为什么? 是不是缺乏目标意识和指导重点?

最后,A老师再次发言(略)。

反思二:教师的指导对幼儿游戏的开展和游戏能力的发展具有重要作用,A老师对如何指导幼儿游戏存在诸多疑虑,这些疑虑影响了她的指导行为。所以,这次进班教研通过解惑的方式来实现。并且,周老师在进行指导时,不是采用直接给出答案的方式,而是采用"留白法":列举A老师指导过程中的一些例子,引导A老师反思自己实践中的问题,并尝试找到隐藏在行为后面的原因。

第二次进班教研活动后,A老师在建构区投放了丰富多样、形状各异和大小不一的材料,并组织幼儿学习了一些拼搭组合的方法,在这种情况下,教研主任周老师进行了第三次进班教研活动。

3. 第三次进班研讨:隐形支持A老师在游戏中对幼儿的放手

周老师第三次进班考察了建构区,这也是当天A老师的游戏指导重点,建构区里有五个幼儿在游戏,他们搬的搬、搭的搭,不一会儿,各种材料在五个孩子的配合下变成了一个花园和几座错落有致的房子……以往A老师在区域游戏中对幼儿的行为有过多的干预,对幼儿的操作常常包办代替,现在她没有直接去干预幼儿的活动,而是用语言、表情去鼓励幼儿想办法解决问题。

(四)基于信息交流的分享式教研

幼教工作是一种独立性较强的工作,教师们相互交流的机会以及外出学习机会并不多,因此,在教研工作中增强信息分享、经验分享会使教师有学习和提高的机会,并增强了教师集体凝聚力的作用。

1.集体智慧分享

共同体成员中的每个教师都有自己独特的学习经历和教学经验,其多样性与差异性本身就是一种重要的学习资源,知识交流和分享可以让教师教研的效益最大化。[①]幼儿老师在园本集体教研中或教研后的交流分享,通过观点的碰撞,会产生智慧的火花。因此,幼儿园教师之间须经常共筑对话平台,悦纳同伴经验,为园本教研的深入开展尽力尽智。

2.专家智慧分享

专家的专业引领让教师们获得专家的支持,产生更多的新想法,有利于教育智慧的产生。专家的专业引领的形式包括有针对性的讲座、辅导和培训、沙龙等。

3.书籍、网络信息的资源共享

除了拥有图书馆书籍资源外,园内一般还每年订阅十多种专业杂志,每班还配备电脑及多媒体网络设备,教师们可及时查阅相关资料,使教师能掌握最新的幼教动态,拓展知识、扩散思维,实践工作得以创新。

【案例呈现1】[②]

【教研背景】每学期初老师们都要创设幼儿喜欢的室内环境,如主题墙、班级宣传栏、区域环境等。在实践过程中,虽然教师根据幼儿的需求调整不适宜的环境内容,或丰富幼儿喜欢的环境内容,但普遍存在的问题是:有些室内杂乱、有些玩具投放得无层

① 刘洁.齐思共研的交流反馈[J].学前教育.2016(5):18-20.
② 孙为为.源于实践 回归实践——以提升教师环境创设能力的教研为例[J].学前教育.2016(3):18-20.

次、有些区域材料单一等;有的教师环创理念说得头头是道,但在实际的环境创设中依然用旧的做法;有的教师在行为上能体现一下环创理念,但更多是模仿他人行为,并不理解"为何这样做";有的教师尽管参加了大量的教研培训,但无法将所学的具体知识和技能应用到日常的环境创设上,在实际操作中力不从心。

【**教研形式**】在游戏实践的现场中寻找问题,又在实践现场中寻找答案。

【**教研问题**】1. 每个老师都说要创设孩子喜欢的环境,那么什么样的环境才是孩子喜欢的?

2. 在区域游戏现场,幼儿喜欢的自主、探索的环境有较好体现吗?

3. 在观摩中你发现了幼儿喜欢的环境了吗?

【**教研过程**】

主持人:老师们说说什么样的环境是孩子喜欢的?

……………

教师们的观点归纳:低年龄段的孩子喜欢温馨的、干净整洁的环境,喜欢以仿真玩具为主的操作材料;高年龄段喜欢益智玩具、温馨整齐的环境。

主持人:我们创设的环境是为孩子们服务的,要从孩子的需求出发,孩子们究竟喜欢什么样的环境呢? 请各年级组通过个别谈话、绘画等幼儿能理解和表达的方式做调查。

(调查之后再教研)调查结果:小中班的孩子对自己喜欢的环境没有太清晰的概念,大班孩子基本可以表达出自己喜欢的环境,总体上是:整洁、明亮的环境(最一致的回答);漂亮的环境;走进去就可以玩的环境;像家一样温馨,什么都有的环境。

主持人:老师们已经归纳了孩子们喜欢的环境,干净整洁是首要条件,漂亮也是需要的条件,像家一样温馨说明了孩子们的情感需求。这些对于老师来说没有多大问题。而有的孩子提出喜欢"走进去就可以玩的环境",你从中发现或感悟到了什么?

教师1:我们在创设环境时,要投放丰富的玩具,让孩子可以尽情操作。

教师2:玩是孩子的天性,我在追问这个问题时,有孩子说:"希望教室就是迷宫,我开始不知道玩什么,需要我自己去探索,越玩越开心"。这说明孩子还是喜欢能自主探索的、自由的、没有老师操控的游戏环境。

教师3:我班里也有几个孩子说到类似的问题,我也在反思,是不是我们游戏中的规则、限制太多了,应该给孩子提供更多可探索的、有层次的、可以满足不同孩子需求的材料和空间。

主持人:老师们都发现了丰富自主的游戏、材料在环境创设中的作用,我们需要从儿童的视角审视创设的环境,做一个富有游戏精神的教师。不知老师们有没有发现,我们的区域环境更多地展示着游戏操作的步骤或者规则,这说明了什么? 这点与孩子们描述的喜欢未知的、充满探索的环境一致吗?

教师A:的确,我们在创设区域环境时布置了很多规则和操作步骤图,但如果不这么做,孩子们在游戏时会毫无目标,这如何提升能力呢?

教师B:区域环境中的规则和操作步骤图我觉得还是有必要的,这样便于帮助幼儿养成良好的操作习惯,建立有序的游戏环境。

教师C:这提示我们,材料要满足幼儿能有效互动的要求,而非只是静态地规则呈现。

主持人:感谢老师们说出自己内心的想法。但我们要思考的是,自主游戏难道就是为了帮助幼儿学会按照老师的方法去玩、掌握这些玩具的操作方式吗? 答案是否定的,我们需要给孩子创设能够自主操作、探索的空间,让他通过自主、同伴互助等方式探索。材料呈现应该是多元的、充满变化的,这样才能更好地激发他们不断探索的欲望。下面是邵老师"美工区画五官"的案例介绍,很好地反映了材料满足幼儿有效互动的要求,能给大家一些启发。

区域中的发现:幼儿有画人的浓厚兴趣,但作品显示,孩子画的人物五官几乎雷同,眼睛要么是圆圆的,要么是笑眯眯的。有些小朋友问老师:调皮的样子怎样画,坏人的样子怎么样画。此时老师意识到:幼儿对画不同表情或五官的人感兴趣,但技能缺乏,直接教他们画吗? 这肯定不行。但怎样才能让他们在游戏的过程中自然提高呢?

教师的策略:

1. 投放材料。有不同眼睛、眉毛、鼻子、耳朵、嘴巴的可翻页的五官卡片,每个部位有6张图片,并用白点按个数标注。

2. 玩法。(略)

幼儿在游戏中的表现:

因为五官各不相同,游戏中充满不确定性,每次玩法不一样,画出来的五官就不一样,这让幼儿对此充满期待,喜欢不断去操作。游戏也充满了趣味性,孩子们画好后,和同伴根据自己画的五官做出相应的表情,体验自己绘画的表情,玩得不亦乐乎。

再次发现:游戏进行了半个小时后,孩子们对画五官的游戏热情仍然高涨,但教师发现了幼儿的能力、兴趣和需求出现了不同。绘画能力弱的孩子仍然满足于掷骰子照图卡画五官的游戏,绘画能力强的孩子则开始给不同五官加上身体、服装和动作等,有个别孩子开始创编出与涂卡不同的内容。

材料的再次调整:

1. 将每个五官图卡中的一页变成空白页,骰子掷到此页时就自由发挥想象,自画表情。

2. 由幼儿制作不同的五官图片。

3. 制作并投放除五官外幼儿喜欢的其他主题内容的图片,如房子、树叶等。

主持人:从邵老师的案例中,大家能够深刻感受到适宜的材料能让幼儿之间发生有效互动,这说明教师的观察极其重要,只有观察清楚了幼儿的需求和状况,才知道如何投放材料,调整材料。这个案例不是用绘画的步骤作规则,而是用玩骰子的游戏规则,内容是充满无穷变化的,所以孩子们对结果充满了期待。这样的方式和单纯地教孩子画五官截然不同。有老师提了很好的问题:《指南》强调要给幼儿充分的自主空间,但每个班的建构区都是积木,怎样体现出我们创设的环境是有意义的呢? 这个问题很普遍。为了帮助大家理清楚,我们就以老师提出的建构区为目标来探讨这个问题吧。

主持人:不知道老师们在观摩时有没有发现,同样都是建构区,有些老师只投放单一的积木材料,有些老师则根据幼儿的需求和在活动中对幼儿的观察,投放多种低结构材料,这些材料有的可以丰富游戏内容,有的可以解决幼儿在搭建过程中的衔接难点……这背后其实反映的是低结构材料投放与教师儿童观的关系问题。在现场我看到了以下几个场景:

场景一:单一的同一形状的泡沫砖,孩子的作品呈现更多的是围合与垒高的初级水平,没有投放更多种低结构材料,不能满足大班幼儿的需求。

场景二:加入木质积木、薄板,在原有垒高游戏的水平上有一定的挑战,孩子们玩起了搭建高楼的挑战性游戏。

场景三:即使是单种材料,也需要材料数量大,这样可变性空间较大,才能满足幼儿的搭建能力发展和挑战需求。

场景四:增加天然材料,在丰富游戏情境的同时,将建构与数学等领域自然融合。

场景五:增加常见的纸箱,比如泡沫板等低结构材料,为幼儿解决游戏难点做支撑。

主持人:上面呈现了建构区的五个场景,大家从中又发现了什么?

教师1:有的老师只是投放了一种积木,其实在中大班,我们需要给孩子提供相当数量的、种类丰富的低结构材料,孩子们有想象的能力,能够构建丰富的内容。

教师2:每个区域不是孤立的,只要材料投放精准,区域间可以发生互动,且内容往往更加精彩丰富。

教师3:老师要适度给孩子自由空间,这样可以更好地激发他们的想象。我们不能把一种材料固定玩法或者固定位置。

教师4:同意教师3的观点,把材料按类别在公共区域呈现,在幼儿需要时自己去选择材料,这样更有挑战,也符合幼儿自主使用材料的需求。

主持人:的确,低结构材料对幼儿自主游戏的丰富和达成有举足轻重的作用,设置材料包,让幼儿自己选择材料的形式符合以幼儿为主体的理念。我们在环境创设过程中,一定要具备科学的儿童观,从幼儿角度、需求去创设环境或调整环境。

【案例呈现2】幼儿成长档案的有效记录

【教研背景】成长档案作为幼儿在园内成长点滴事例的记录载体,对每个幼儿的成长有着十分重要的意义。当前很多幼儿园都在运用成长档案的方式来记录和评价幼儿发展,但教师们对在成长档案中记录什么、怎么记录心里没底。有的随意拍一些孩子的照片贴在成长档案册里,有的随机记录孩子的一些童言趣语作为内容……D幼儿园组织了一次关于"如何有效开展幼儿成长档案记录工作"的教研活动,重点议题就是如何运用"照片+说明"这样的记录形式以及如何提升照片对幼儿学习与发展的表现价值。

【找准切入点】讨论1:是"记录策略"还是"拍摄技巧"?

主持人:我们在记录过程中,一般采用的是"看图说话"的方法,即由一张能够体现幼儿成长的照片和一段描述其成长上闪光点的文字组成。因此,一张照片拍摄得是否有效,直接决定了成长档案激励的有效性。下面我们来看看几张照片。请S老师来介绍一下她拍摄的这张照片。

S老师:我拍摄的是班里的亭亭在喝牛奶。开始,她试着自己动手把吸管插进牛奶袋,但总是不成功。于是她拿起吸管仔细地研究了一下,发现自己居然拿倒了!于是她将吸管尖头一端对着牛奶袋,吸管一下子就戳进了牛奶袋里。她很高兴,一边喝牛奶一边还不时地去指导还没戳进吸管的同伴。

师1:这张照片似乎有些背光,不太清楚,其他方面做得很好。

S老师:因为吸管很细,很难拍摄清楚。

师2:如果能够用两张照片进行前后对比,效果会更好。例如一张是她拿着吸管圆的一段在戳牛奶袋,一张是她换成尖的一端在戳牛奶袋。

主持人:这个建议很好。

师3:我从照片拍摄技巧来提一些建议。第一,照片中还有另外一个幼儿的半身像,如果拍摄的时候稍加注意就能避免。第二,照片的曝光度不够。第三,拍摄时蹲下来角度会更好。

师4:是的,我亲戚是个摄影师,他说拍照片很讲究光和影的处理,拍人物一定要……

主持人:大家谈到了如何拍出有质量的照片,不过需要思考的是:我们拍摄照片的目的是什么;是关于光和影的渲染还是纪实记事;照片要捕捉哪些细节来体现幼儿的成长轨迹。看来拍摄作为幼儿成长档案材料的照片,重在对幼儿成长点的捕捉!

【找到制高点】讨论2:你抓拍过什么镜头?

主持人:下面我们请Q老师来介绍一下她拍摄的照片。

Q老师(年轻老师):这是周周放下他的"小贝贝"(依恋物)的举动。在美术活动"给大树穿秋衣"中,周周像往常一样抱着"小贝贝"坐在一旁抽泣,而其他幼儿都饶有兴趣地参与活动。可是,正当孩子们坐在座位上边喝牛奶边欣赏自己的作品时,周周忽然抱着"小贝贝"来跟我说:"我也要和树叶做游戏"。他放下了"小贝贝",卷好了袖子在一旁等着我……

主持人:请大家各抒己见。

师1:从周周能放下"小贝贝"的这一举动看来,他已经开始接受幼儿、接受教师、接受新的生活环境啦!

师2(骨干教师):抓拍是很不容易的,但是Q老师很有心,这张抓拍得很好。

主持人:对。在成长档案的记录过程中,对孩子的突出表现或点滴进步的捕捉是非常重要的,大家说一说,你抓拍过什么镜头,为什么抓拍这个镜头,怎么做到的。

教师们开始热烈地介绍起自己的抓拍经历……

师2:大家有没有发现,要想抓拍到满意的照片,是与教师对孩子长期的认真观察分不开的,只有你很了解孩子的能力及兴趣,才能捕捉到那一瞬间。

主持人:师2老师说得太好了,总结了刚才大家的发言。

【找对连接点】讨论3:拍还是不拍?

E老师:我有个困惑,有时候照片显示孩子玩得很欢乐,我觉得很珍贵,但是又不能说明什么问题,这样的照片要拍摄吗?

主持人:大家的意见呢?

师1:那就算了吧。不是说要抓突出表现和进步的吗?

主持人:那我们能不能把照片的类型分一分呢?

S老师:怎么分呢?

师2:可不可以分为:生活趣事、成长发展、个案观察等?

众老师:这个提议很好!

【找到落脚点】讨论4:幼儿成长档案的有效记录有哪些?

主持人:通过研讨,现在大家都清楚了照片的拍摄与记录的目的是密不可分的,所以我建议大家在抓拍了照片后,从这些角度去思考儿童的发展:这张照片上发生了什么事,之前发生了什么,之后呢;照片上的幼儿正在进行的是哪一种学习,是关于认知、社会、情绪还是身体发展的;对任何一个幼儿来说,这样的行为或作品都是其一个成长阶段的显著特征吗。现在大家都能明白应该怎样去选择能表现儿童发展的照片了吗?

师1:这样思考问题,在拍摄时有目标,在分析幼儿成长过程、撰写幼儿成长档案时也会胸有成竹了。

师2:我觉得更能帮助教师事后分析,很多时候抓拍很匆忙,但是带着这样的思考,就能从照片中发现很多表现了孩子发展的信息。

师3:我同意主持人的结论,我以后再拍摄孩子的照片时就不会那么纠结了。

主持人:所以,希望大家都去试一试,看看能否让我们的成长档案记录得更科学、更丰富,对幼儿更有意义。

(五)基于能力提高的实作培训式教研

当前,我国政府投入了大量的人力、物力和财力,给各级各类幼儿园园长和教师进行了多层次、多类型的专项培训。特别是近5年来,各地园长和教师进行了一轮全员的国家级培训,产生了一定成效,但存在着一些问题:培训目标定位不准、缺乏针对性;课程设置脱离幼儿园教师的工作实践;培训方式不符合成人的学习特点;工作中的矛盾和困惑不能得到实质性的解决;等等。尤其是培训内容"云里雾里""雾里看花",落实到底并能真正提高教师的专业能力的培训凤毛麟角。作为解决教师实践问题、促进教师专业发展的重要途径之一的园本教研,怎样有效帮助教师转变观念和行为,成为园本教研和园本培训重点思考的内容。

【案例呈现】[①]

【教研主题】如何借助指导语和经验梳理来提升科学活动的效果。

---

① 邱梅蓉.科学活动中巧设指导语和梳理经验的策略——以中班科学活动"观察山芋"教研为例[J].早期教育.2016(2):42-43.(编者按:因"山芋"的健康问题,案例中"山芋"改为"红薯")

【教研内容】

1. 观摩由青年教师执教的科学活动"观察红薯"。

2. 对教学活动进行研讨,研讨的重点是科学活动中教师的指导语和对幼儿科学经验的梳理。

【参与人员】负责培养青年教师的"导师团"成员和部分青年教师。

【教研过程】

1. 活动实录

活动目标:

(1)运用多种感官感知红薯的特点,大胆表达自己的发现。

(2)在总结性图示的提示下梳理自己的发现。

(3)知道红薯是有营养的食品,愿意吃红薯。

活动准备:

(1)各种大小、形状和颜色的生红薯和已煮熟的红薯。

(2)教具:摸箱,纸质总结性图示。

活动过程:

(1)感知红薯的外部特征。玩摸箱游戏,说说用手摸箱中物体的感觉,猜测摸的是什么;观察红薯的外部形态;出示总结性图示,师生共同对红薯的外部特征进行小结。

(2)观察了解红薯的内部特征。

①猜测红薯里面是什么样子的。

②观察切开后的红薯,并品尝生红薯。

③出示总结性图示,师生共同小结:有的红薯内部是淡黄色,有的是橘黄色,红薯内部有黏黏的浆。生红薯吃起来脆脆的、有点凉。

(3)品尝熟红薯。

①感知熟红薯的特征。

②品尝熟红薯,发现与生红薯不同的口感。

(4)小结。

2. 活动研讨

依据《3-6岁儿童学习与发展指南》科学领域的教育建议:"有意识地引导幼儿观察周围事物,学习观察的基本方法,培养观察与分类能力……"

首先导师团指出了活动的长处:(1)为幼儿提供了较充分的观察时间和机会。幼儿通过摸、看、闻、尝等方式感知红薯,能发现红薯一些细小的特征。(2)为幼儿提供了较多的和同伴交流的机会。(3)小结时使用了自制的总结性图示,这种方式会让幼儿更加清晰获得红薯的整体特征。(4)活动过程中师幼对话频率高。

随后,导师团和青年教师共同就指导语和经验梳理两方面进行研讨,发现了存在的问题:第一,在幼儿观察前指导语既不明确又不具体。第二,教师的指导语表述得不规范,甚至不科学。第三,在幼儿观察过程中,教师对幼儿获得的新经验梳理不到位。

【教师困惑】

1. 什么样的指导语既能帮助幼儿具有持续观察的兴趣,又能及时呼应幼儿的发现,并做到"以点带面"。

2. 指导语的表达如何做到准确、科学。

3. 当个别幼儿有新的经验时,如何引发其他幼儿的关注,将个体的新经验放大为集体的新经验。

4. 在幼儿进行科学观察的过程中,如何做到及时帮助幼儿梳理相关经验。

【我们的策略】

针对青年教师提出的困惑,又展开了多次教学研讨活动,总结了一些有效的策略。

策略一：巧设指导语,激发和维持幼儿观察的兴趣。(略)

策略二：及时梳理,支持和引领幼儿形成新经验。(略)

无论是哪种教研方式,都需要建立教科研共同体。教科研共同体的缺失是阻碍大多数普通教师参与教科研的重要因素,因此,幼儿园要有效地开展园本教研,必须建立合理的适用于全园教师的教科研共同体。园本研究的教科研共同体更接近韦克等人提出的"松散结合系统"理论,该理论指出,幼儿园系统和幼儿园事实上是以结构松散为特征的,教育组织与其说是一个具有内聚力的结构,倒不如说是一个观念上松散的结合体。幼儿园一方面呼吁、督促教师都成为教科研共同体的成员,另一方面,又尊重教师根据自己的研究兴趣、主观意愿选择的权利。建立的教科研共同体必须以兴趣为纽带,以能力互补、专业共建为准绳,团队成员要出于对某一研究项目的共同兴趣而走在一起。这种结合形式既调动了教师开展教科研的积极性,同时也充分尊重与发挥了研究团队中个体的自主权,是项目研究团队自组建的有效形式及未来发展的方向。幼儿园提供一个平台,帮助全园教师形成广泛的教科研共同体,教师之间保持平等、互助的关系。由教育实践中遇到的问题与困惑作为出发点,教师之间互相鼓励、讨论、交流，走进对方的真实教育情境，通过听课、评课等方式站在旁观者的角度指出自己的发现，并一起反思自身的教育教学理念，由"交谈"的方式实现了教师对于自身"个人知识"的显性化与重组。教师通过共同的讨论形成新的行动策略，并运用于教学实践中，教科研共同体一起从内在与外在的双重角度观察新策略的效果与问题，进一步反思与改进。最终，实现教学效果的改善与教科研共同体中的教师的共同提高。作为行动研究的成果，教师可以一起撰写从问题开始到解决的过程的叙事故事，进一步形成一致性的研究理念和认识。

第四章

"基层科研"促进

幼儿教师教科研

素养提升策略

教科研是教育理论与教育实践的桥梁,它不是为研究而研究,它的课题来自实践,它的成果最终要回到实践中去,并能够切实推进实践工作的积极开展,这是教科研的现实也是根本的价值所在。教科研是一项富有创造性的艰辛劳动,教师要搞好教科研既需要自身做出积极的主观努力,也需要相应的外在环境与客观条件的支持。实践证明:提高办园水平、提高教育质量不能光靠苦干,还需要靠科学的精神、态度、方法和实践。教科研是学前教育发展中不可缺少的支柱,能提高幼儿教师的综合素质,是幼儿园持续发展的不竭动力,以"科研促教""科研兴师""科研强园"是提升幼儿园教育质量的重要途径和方法。

第一节　教科研转型与实践话语

一、有一种科研叫作基层教科研

"研究"是钻研、探索、探求事物的真相、性质、规律等,是考虑或商讨一些问题,更是一种问题解决的方式。研究重在指向某个问题,问题是研究的动因。有效解决问题的基础和前提是研究、发现人的活动与活动效果之间的关系,并根据这种认识改进行动。教育研究在关注科学性的基础上更要关注人文性和艺术性。很多研究问题不是科学所能解决的,而要通过人文关怀和艺术手段,甚至搭建非理性的"云梯"来解决,充分体现了人文精神的力量。

一线幼儿教师的科研主要价值不是对新的教育规律的发现和求证,而是教师情感意识的唤醒,是对幼儿教师生活和教育意义的深刻理解和体验,是教育智慧的获得和教育机智的增长。一线的幼儿教师要努力提高专业意识和专业水平,努力使自己成为教育教学实践的"研究者",除了应当具备传统所界定的专业特性外(知识与技能),还必须拥有一种扩展的专业特性(策略与方法),通过较系统的自我研究和对别人经验的研究,在实践研究中对有关理论进行检验,实现专业上的自我成长与发展。关心"教师实际知道什么""是什么使教师获得完成教学任务的能力""教师如何表达自己的认识",而不是"教师应该知道什么""教师应该具有什么能力""教师应该如何表达自己的认识"。

传统教科研向新型教科研转型的路径有以下三条。一是重视教师实践性知识的生成和表达,基于"教师的视角"的新型教科研应该为教师实践智慧的表达创建一个平台,让教科研成果的表达符合教师逻辑与习惯。例如:教育叙事、案例研究、发现笔记等质的研究。教具研发、视频制作、实验器材的设计凝聚了教师的实践智慧,也应该在教科研成果表达中占一席之地。教师的讲故事、同行交流、访谈等都是富有意义的交流方式,基层教科研也应该为这些表达方式提供平台。二是需要强调教育理论的情境化学习和运用。在具体的教学现场,教师的专业性更直接地表现为问题的具体解决和对具体情境的灵活处理。三是相对于传统的致力于"教师走向理论"的努力,新型教科研更强调"专家走向实践"的专业引领。

二、幼儿教师教科研转型

教师专业化成长的途径是多样化的,教研活动是其中的重要途径。幼儿教师要注重教科研能力的提高是学前教育发展的时代需求,也是幼儿园课程改革的实践需求,更是幼儿教师专业成长的需要。随着学前教育的发展,幼儿教师的专业成长成为学前教育发展的关键。《纲要》中要求幼儿教师成为学习者、研究者,在研究中学习,在学习中成长。《幼儿园教师专业标准(试行)》对教师的专业能力有一项要求:"针对保教工作中的现实需要与问题,进行探索和研究。"可见,教科研已成为幼儿教师增长看家本领不可或缺的培训方式和路径。但是,现实中很多幼儿教师对教科研工作有一种"害怕"或"神秘"情结,常常听园长和老师们说,做课题很痛苦,因为教科研需要一定的理论基础和理性思维,离不开理论的指导,否则幼儿教育实践就成为低水平重复。

幼儿园独立做课题研究有困难,有条件的一般请专家来指导。一线实践者期盼专家来把脉,包括研究问题的把握、研究过程的探寻、研究成果的提炼等,都希望专家给以指导。但由于专家太忙不能全程参与,加之专家的关注点往往在自己的研究领域上,因此,专家大多立足于自己的领域和视野提出一些看法和建议,至于这些观点是否契合幼儿园实际,是否契合当下问题背景,则需要幼儿园自己思考和判断。所以很多一线实践者感觉专家的指导不深入,不贴近实践,甚至感到无所适从。

其实,教研和科研是相互促进的,不能顾此失彼。人为割裂教研与科研,既增加了教师的负担,也没有必要。要知道,幼儿教师从事的教科研与高校教师和研究人员的教科研不同,需要更多的是实践话语和接地气的实践研究。作为一线幼儿教师,往往只满足于日常工作所需,缺乏对有关理论知识的学习,很多教师难以做到运用理论思维和学术话语。幼儿园教科研工作必须关注教师的兴趣与需要,教研活动必须立足于本园实践,与教师的教育教学工作实践紧密结合,去发现问题、分析问题并尝试解决问题。

三、"幼儿教师视角"的教科研成果表达

教师的实践性知识由于难以通过语言、文字或符号进行逻辑说明,所以难以进行大规模的积累和传播,这与教科研倡导的"科学"的标准大相径庭。在基层教科研中,结构严谨的研究报告、基于数据分析的调查报告、具有前测和后测的教育实验,一直以来被视为教科研成果表达的范本,在各级各类教科研成果评审中颇受评审专家的青睐,而叙事研究、案例分析似乎总是教科研中的"乡巴佬",教师实践性知识难以按照教科研的现实进行表达,这就是教师实践性知识在教科研中的现实境遇。

然而,教师的教科研不仅仅是笔头上的撰写工作,如撰写研究报告、研究案例、教育随笔、教育故事、教学反思等,也可以是口头表达的,还可以是眼睛所关注的或看到的,这些都是一线幼儿教师对教育教学研究情境式、体验式的表达形式(见图4-1)。只要教师能够表达出这个过程,那么这一方式是研究报告、教育叙事、案例研究、实物展示,还是"说"研究,都无关紧要了。

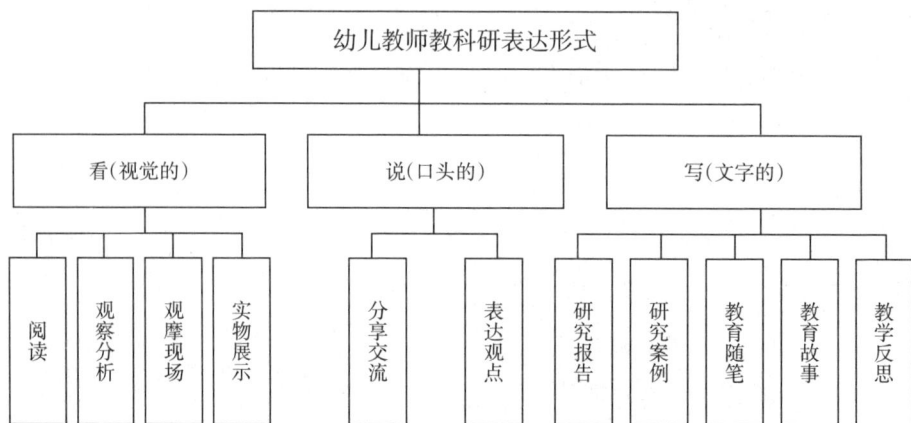

图4-1 幼儿教师教科研表达形式

幼儿教师从事教科研工作本身就是一个主动积极的过程,自己就是发起者和参与者,而不是旁观者或被动接受者。教科研工作的目的是通过科学有效的方法解决实践中的具体问题,问题的解决带来的或许只是特定问题相关的经验积累,但问题解决的过程如果伴有自我审视,则会带来阅读、思考、分析和实践能力等的综合提升。随着时间的日积月累,自己在新问题面前就能迅速做出有条理、综合的判断并形成积极、理性的应对举措,在日复一日的教育生活中更能形成对新问题的敏感度,长期追踪解决问题的坚持性。

第二节 "观研究"

教科研对教师专业成长的积极意义毋庸置疑,同时,教科研的价值追求是求真扬善达美,因此,我们在进行儿童的科学教育科研活动中应兼顾态度、道德和人文方面的核心素养。[①]

[①] 郑黎丽.求真、扬善、达美——以中班科学活动"古银杏树生病了"教研为例[J].早期教育(教师版).2017 (12):24-26.

一、阅读

阅读是阅读者根据不同的目的从视觉材料中获取信息的过程,视觉材料可以是文字、图片、符号、图表、视频等。阅读是一种陶冶情操、提升修养的主动过程,同时也是一种理解、领悟、吸收、鉴赏、评价和探究文章的思维过程。阅读可以增长知识、锻炼脑力、减少压力。研究证明,大脑要经常锻炼才会健康,持续的脑力锻炼可以减缓甚至防治阿尔茨海默症,这是因为在保持积极投入的状态下,大脑不会失去活力。阅读能丰富头脑、提高记忆力、扩充词汇,能让人谈吐自信,能让人提高写作能力、增强思考和分析能力,更重要的是能给人内心带来极大的平静与安宁,遇到挑战时就更有胜利的把握。夸美纽斯说过:"书籍是培植智慧的工具。"书就是力量,阅读是教师进步的阶梯,应该让阅读走进教师的生活和工作。

阅读是认识世界的方式,也是提高思想境界和个人修养的重要途径。幼儿教师读书,是为了学习并更新自己的教育理念、解决实践工作中的问题,也是为了更好地反思、做一个有思想的教师。[①]阅读并不是孤立无趣的活动,它一定伴随着实践:学习——实践——再学习——再实践,探索学前教育的真谛。因此,阅读要有问题、阅读要有反思、阅读要有优化实践的想法,即在阅读中思考下一步做什么和怎么做。

随着现代科技特别是互联网的迅猛发展,阅读的平台和机会越来越多,快餐式、跳跃性、碎片化为特征的"浅阅读"正成为阅读的新趋势,成为人们获取信息的主要途径,"青灯黄卷式"的经典阅读越来越少。虽然这些即时的在线浏览阅读方式有诸多优点,但存在容易产生思维惰性、缺乏系统思考和判断能力等弊端,而快节奏的生活方式也让人很难静下心来去思考书中的要义。作为教育中的关键角色,教师不仅要有快餐式、便捷式阅读,更应该有对教育更为深入的思考和理解的深度阅读,以平淡、宁静、高远的心态和心境去阅读世界,以此修身养性、陶冶情操,增强对幼儿教育教学的理性思考,从而指导自己的实践。

一线教师专业成长最为紧迫的任务是增强理论自觉,具体表现为:自觉学习理论、自觉践行理论、自觉反思理论。一线教师一方面觉得教育理论高高在

---

① 杨巍.读书,见证更好的自己[J].学前教育.2017(9):28-30.

上难以理解,另一方面又觉得教育理论并不能指导真实的教育教学,因此,对教育理论敬而远之。但是,教师的专业发展离不开教育理论的支撑,教育理论深刻地影响着教师的行为。理论的学习不能只满足于口号或纲领式领会,而是要进行深刻研读。这种理论学习强调教师在真实的教育现场践行理论,鼓励教师开展反思性教学,强调教育理论观照下的教学实践,鼓励教师开展行动研究等。①

二、观察分析

观察是指有目的、有计划地用感官来考察事物的现象和过程的知觉活动。观察既是一种方法,也是一种途径。观察看懂幼儿游戏行为是教师专业素养的重要体现。根据幼儿教师所观察对象的年龄和发展特点,幼儿教师通过有目的、有计划地考察学前儿童在园一日活动如教学活动、生活活动和游戏活动等中的表现,形成对每位幼儿比较全面的了解,发现幼儿感兴趣的事物、游戏和偶发事件中所隐含的教育价值,为后续教育工作的开展和每位幼儿的全面发展奠定基础。教育活动指导工作顺利开展有赖于教师"把握时机",而这种"时机"的"把握"正是以教师专业性的观察为前提的。幼儿教师平时观察到的具有典型意义的幼儿行为表现等是教学指导的重要依据。我们还需注意的是,幼儿教师的教育经验、教育背景、专业发展状况和发展水平影响着其观察能力。

但是,当前很多幼儿教师观察意识缺失,观察能力薄弱,不能有效利用观察策略,在与幼儿的一日生活互动中、在幼儿区域游戏中等忽视幼儿游戏行为,不能及时捕捉到其中蕴含着的教育契机,其原因是教师教学行为反思与儿童行为观察分离,常常只有"观"而没有"察"。同时,观察记录的方法存在三方面的问题:指向模糊化、结构不完整、形式单一化。教师观察记录存在重教师感想,轻文体结构,重集体活动中的观察,轻一日生活的观察记录,重经验判断,轻运用教育理论作归因分析与定位,重施教结果,轻客观性与科学性等问题。

以观察幼儿在区角游戏的情况为例。游戏区角是幼儿园普遍存在的教育环境,区角游戏在幼儿游戏活动中占有较大比例。首先,如何提高区角游戏环

---

① 戚小丹.从改变教师到改善教科研——中小学教师教科研的另一种视角[J].中国教育学刊.2017(2):95-99.

境的质量,教师如何利用区角游戏渗透幼儿的各领域的学习,教师如何观察、引导和指导幼儿在区角游戏中的深度学习等是幼儿园课程首先要考虑的。其次,如何可持续地发挥区角游戏对幼儿全面发展和教师专业发展的功能。这些基本的又十分重要的问题便是一线幼儿教师的教科研问题。通过让幼儿教师聚焦区角游戏的观察、分析、指导、改进等策略提升幼儿教师的教科研能力是一个重要途径。幼儿教师可以利用观察记录表的方法锻炼自己有目的、有计划地观察幼儿区角游戏,在观察中发现问题、分析问题、研究问题、解决问题,再发现问题、再分析问题、再研究和解决问题,循环往复,这将会有效提高其教科研能力。观察可以有多方面和多层次的目的,记录是观察的一个辅助环节,是观察的一个因素或后期的延续。

观察是一种有计划、有目的的行为,是幼儿教师走进幼儿心灵的主要手段,写好幼儿园观察记录是幼儿教师分析幼儿行为背后原因的一条通道,同时也是幼儿教师更好地了解孩子的重要途径。但并不是所有观察都要记录,就教师局部的行为而言,如果教师的观察是为了眼下的判断和即刻要采取的教学行动的话,是不需要做记录的。而就教师全部的教学行为而言,则需要从有意识的程度来排列,即从无观察的教学行为,以观察为基础但无记录的教学行为,最后到以有记录的观察乃至以系统的长期观察记录为基础的教学行为。从这个角度来看,开展规范和科学的教学活动,仅仅知道要观察、观察什么和如何观察是远远不够的。没有合适的观察记录,就像没有反思和计划的教学一样,很难保证有切实的进步。

三、观摩现场与观摩活动

观摩,是教师提高业务能力和专业水平的一种途径,能有效增强幼儿教师对幼教信息的把握。"观课"和"听课"都是收集信息的方式和手段。尽管在听课实践中,"听"并不仅仅指向声音,但听本意指向的就是声音观摩,既有学习别人的功能也有反思自我的功能。正如一名幼儿教师在外出观摩后写的:

"观摩活动对我们教师来说可谓至关重要,观摩能让我学到很多有用的、书本上学不到的知识,还让我在观摩他人的教育方式的同时,学习了他们先进的教育理念,以此不断改善自己的教育方式、教育理念。通过观摩活动,我见识到了各位老师不同的上课风格,新颖的上课形式,使我找到了与他们的差距。今后,我要吸取他人的经验,弥补自己的不足,不断地充实自己,使我的保教水平不断提高。"

观摩活动的能力,包括教学活动的组织能力、问题的设计与提出的能力、语言表达能力以及处理临场问题并对观摩活动分析与评价的能力,即观察能力、记录能力、分析能力、语言能力以及对活动本身的组织与操控能力等。幼儿园一线的研究实践主要表现为教育教学模式或方法,而体现这种模式或方法的载体则是教学活动,俗称"上课"。组织观摩活动展现幼儿园教科研的成果,并组织观摩教师进行讨论和改进,这是幼儿园常用的实践研究方式,也是展示园所教科研成果的主要方式。

听课评课在教师专业发展中具有重要作用,可以让教师了解自己的不足,发现别人的长处,取长补短,以改进教育教学方法,提高教学质量,从而促进个人专业素质提升。听课评课可以让教师走出自我,站在局外人的角度看问题,可以做到"旁观者清",从而找到自己的不足和缺点,然后有针对性地纠正和改善。

第三节 "说研究"

一、教科研中说话

在教科研中,"说"是具有重要作用的一种方式,具有即时性、省时性、随时性。说,也是一种研究。"说研究"是最贴近教师工作实际的一种表达方式。首先,对于教师而言,"说"是教师表达实践性智慧最常使用的一种方式,同样的事情,教师说得清,但不一定写得出。一份文本形式的结题报告不知道阻挡了多少优秀教师的智慧表达。而"说研究",教师既擅长,又节省时间。其次,从"说"到"写"有一个意义失真的过程。有研究表明,在情感、态度、交流方面,90%以上的信息是靠声调的高低和面部表情,即非语言来传递的。因此,我们通过面对面的"说研究"还能判断教师研究的投入程度、熟练程度,教师在研究过程中经历的情感体验、形成的科研态度等,这些信息对教师的专业成长至关重要,而其又恰恰难以从一份文本形式的结题报告中被体会。[①]再次,"说研究"是置身现场的展示,是面对面的表达,因而是更真实的教科研。

教师教科研的根本目的不是一份高质量的文本报告,而是让教师经历一个真实的研究过程。从基本的"说研究"做起,让一线教师人人参与教科研。"说研究"是教师置身教育教学现场对自己的研究的解读和展示,形式可以灵活多样:可以是对所执教的课程或活动进行说课;可以是日常面对面的研究成果介绍和答辩;可以是一节或几节教研课的展示和研讨;也可以是其他各类研究成果的展示等。最重要的是在教科研中真正让每个教师都愿意开口,有话可说,言之有物。

如何唤醒普通教师沉睡的研究意识,激发他们的研究热情,畅谈他们在一线实践中的所感所悟,园长在教研中如何发挥引导作用,使园本教研更好地助推教师成长,让草根研究更具活力,"说研究"可以给我们以启示。

二、说课议课

说课,就是教师口头表述具体课题的教学设想及其理论根据,是授课教师在备课基础上,面对同行和教研人员,讲述自己的教学设计和完善教学设计的过程。它需要说清教什么、怎么教、为什么教。也可进一步地说,说课就是教师针对某一观点、问题或具体课题,口头表述其教学设想及其理论依据的一种教研活动。从本质上讲,它是一种教学、教研的手段,能有效调动教师投身教学改革、学习理论、钻研课堂教学的积极性,是提高教师素质,培养造就研究型、学者型青年教师的较好途径之一,能达到相互交流、共同提高的目的。

说课要求幼儿教师用语言把自己的教学思路和设想表达出来,这无形之中促使教师不断去学习,提高教师的学习积极性、提高教师的语言组织能力和表达能力。说课要求教师在说课过程中不仅要将教学方案说出来,更要将隐含于

---

① 戚小丹.从改变教师到改善教科研——中小学教师教科研的另一种视角[J].中国教育学刊.2017(2):95-99.

教学方案后面的设计思想、教育理念、具体依据说出来。由显说隐,由隐论显。一般而言,说课需要说出教学材料来源(即说教材)、说出幼儿的已有经验情况和背景(即说学情)、说出教学设计的基本框架(即说设计)、说目标(含重难点)、说准备、说教法学法、说流程、说亮点或特色等。通过说课,让授课教师说出自己的教学意图、说出自己处理教材的方法和目的,让听课教师更加明白应该怎样去教,为何要这样做,从而统一思想认识,使教研的主题更明确,重点更突出,提高教学效率,提高教研活动的实效性。同样,通过对某一专题或问题的说课,可以引导教师去思考,提高教师对课程的理解能力、对课程的设计能力、对课程的预设组织能力,从而提高课程实施的"预设"效果,提高教师的专业素质,提高教学效率。

说课没有时间、场地、人数等条件的限制,人多也可以,人少也可以,时间长也可以,短也可以,非常灵活。对于幼儿教师而言,比较容易做到。语言的表达过程是思想的梳理和整理过程,梳理和整理的过程其实就是研究的过程。在"说"的驱使下,汇集、思考、梳理、交流、反思……这一系列的过程,对幼儿教师的锻炼作用是明显的。

议课不是对"课"下结论,而是在"观"得的信息基础上参与的对话、讨论、交流和反思的过程,议课的过程就是评课的过程,有质疑、探寻、发现、领悟甚至争执,具有无限丰富性和多种可能性。教学原本就是一种充满生成性和多样性的复杂活动,通过议课这种平等对话方式,把有价值的思想和有价值的方法平等地交流出来,供同行相互学习,对共同关注的教学问题进行研修,是一种非常重要的研究行为。

说课和议课在教研活动、师培活动和公开展示活动中常用,教师是其中的主体和主角,具有日常性、普遍性的特征。

三、说反思和心得体会

有一种总结叫反思,反思是个体精神的自我活动与内省,是行为主体立足于自我之外批判地考察自己的行为和情境的能力,是通过分析自我经验、在监控和评价自我行为的基础上、依据一定标准对自己的经验和行为进行批判性思考。从本质上讲,反思即是一种自我意识、思维习惯和批判精神。常言道,教师的成长=经验+反思。反思是以提高自我察觉水平来推动幼儿教师的专业发展的。

反思可以是随笔撰写,也可以是口头交流。沟通和表达在今天的社会中越来越重要,我们从一岁左右就能有意识地说话,可能说了几十年还是有很多人因为不知道如何表达和沟通而产生很多困扰。说话虽然简单,却不是一件小事,说什么,很重要,实话实说,更重要。幼儿教师在进行说反思和心得体会的时候,能:说出自己的得失,供其他教师共勉;及时反馈师幼互动情况,找原因求对策;综合分析,找出问题的关键,丰富教学经验。

【说反思案例1】科学活动:拆装圆珠笔

在本次活动中,我没有注意幼儿已有的经验差异,所以,一些幼儿很容易就能完成整个过程,然后无所事事。我应该事先准备一些更复杂的笔,一旦出现以上情况,就可以给这些幼儿创设进一步探索的空间。另外,在请个别幼儿为大家演示的时候,虽然使用了实物投影仪,但是效果还是不理想。幼儿仍然看不清楚一些细小的、关键的步骤。可以用小组学习的方式,让每组会装的幼儿在组内演示,这样不仅解决了问题,加强了幼儿间的相互学习,同时也能给幼儿带来自信。还有,把笔拆开后,要引导幼儿加深对各个零件的认识,特别是要了解圆珠笔里弹簧的作用。

【说反思案例2】主题活动:春天在哪里

在开展主题活动"春天在哪里"的初次谈话中,发现孩子们对春天已有一定了解,经验较丰富,涉及了天气、植物、动物、人们的活动等几个方面。有几个孩子能用优美的语言描述春天的美景。但问什么是芽? 什么是冬眠? 孩子们则难以回答。因此,如何根据幼儿当前的水平帮助幼儿去丰富经验,如何才能发挥幼儿寻找春天的最大能动性与创造性呢?"春天在哪里"这个主题内容太偏又不利于幼儿整体经验积累,而且容易掉入传统教育的模式。基于对本班幼儿的分析和思考,我想是否可以大胆一些,用分组的形式来满足不同幼儿的需要,几个线索同时展开,不仅能加快探究进程,而且能相互补充,让幼儿与同伴共同分享自己获得的经验。我决定做一次这样的尝试。

【说反思案例3】科学活动:橘子和柚子

在这次活动中我充分调动幼儿的多种感官,通过看一看、摸一摸、闻一闻、尝一尝来比较发现橘子和柚子的不同,并要求幼儿记录。幼儿的成长有自己的发展步调,有自己独特的理解和思维方式,教师应该站在幼儿的角度去理解他们的想法……从孩子们在活动中的表现来看,他们的能力并没有我们想象的那样弱,还是很有潜力可挖。这要求我们教师要相信孩子能行,给孩子更多的自由探索的时间和空间。

以上三个案例中,幼儿教师从自己的经验中分享心得体会和反思,主动澄清和质疑自己的教学观念。这对教师自身既是一次梳理过程,也是一种探究过程。这是来自教师自己的亲身经历,是教师获得专业发展的一种珍贵的研究资源。

就说反思而言,可以课后说小反思、每周说大反思、一主题结束后进行总反思,形成有效的反思链,由浅入深、螺旋上升。幼儿教师要经常交流心得体会、畅谈有关问题的思考和教育教学中的反思,这样有助于及时发现幼儿教师在教育教学理念、儿童观、课程观上的问题,加强课程研究,提高教学技艺水平,改善教学行为,促进教师能力发展,提升专业素养。

第四节 "写研究"

研究,离不开思维。写,是一种思维形式,是思维进一步深化和完善的一个特殊阶段。因此,关于写的研究过程自始至终伴随着深刻的思维活动。一般认为,思维所凭借的语言形式并不是人们通常所理解的那种"嘴上说的"和"纸上写的"语言,而是一种内在于思维者的,无声无形的,只为思维者自己所知悉的"语言"。

一、现实中的思考,笔尖上的研究

幼儿教师教科研能力的获得和提高是在教科研实践中锻炼出来的。新型教科研体系虽然为教师实践性知识的表达搭建了诸如"说研究"、实物展示等平台,但也要意识到,教师的专业发展仅局限于一次次的优秀经验总结是不够的。而教师应该在此基础上不断反思自身教学,不断对教学经验进行提炼,探索出规律性和可以复制的东西来,以此获得专业成长。教育科学研究要求研究者把经过潜心研究得出的新认识、新思想、新办法等诉诸文字,通过教科研报告或教科研论文、著作等形式表达出来,从而更好地发挥教科研成果的作用。

在教科研过程中,梳理出经历的系列过程,记录下每日工作中的疑惑与发现,必定会让我们有所收获,向着专业方向生长和积淀。对话教师,通过一个个具体的课例分析,将教育理论置身于真实的教学现场进行解读,从而帮助教师不断提炼教学经验,发现教育教学规律,促进教师专业成长。[①]例如,"安吉游戏"当初并未按照传统的课题申报、审批、研究、结题等程式化路径,而是在实践中自发自主进行理论与实践学习,研究过程也是去功利化的,结果自然是取得了研究成果的重大突破,成为全国学前教育发展的一大特色和亮点。因此,幼儿教师进行教科研工作应不图名利,只为成长,无论研究问题立项与否,只要从实际出发,思考,行动,自然会有专业成长和理论提升。

鼓励教师进行教科研成果的书面表达,并不是提倡文本形式的科研成果,而是鼓励教师去经历真实的"写研究",因为"写的过程"有助于理清思路,有助于加深思考。教师将自己的教学经验撰写成文的过程就是一次深刻的教学反思,真实的"写研究"能帮助教师发现隐匿的教学问题,并借助理论的研读拓展视野,找到解决问题的新方法。对于基层教科研部门来说,这一工作不能仅局限于开展"如何撰写论文"的专题培训,重点是要根据教师的表达意愿,结合教师具体的研究项目进行。[②]

幼儿教师的教科研能力的获得和提高是在教科研实践中锻炼出来的。教育科学研究要求研究者把经过潜心研究得出的新认识、新思想、新办法等诉诸文字,通过教科研报告或教科研论文、著作等形式表达出来,从而更好地发挥教科研成果的作用。因此,需要教师在复杂的教学情境中,对教学行为及其背后的理论和后果进行反复的、持续的和周密的思考,从而寻求能够改善实践的方

① 戚小丹.从改变教师到改善教科研——中小学教师教科研的另一种视角[J].中国教育学刊.2017(2):95-99.
② 戚小丹.从改变教师到改善教科研——中小学教师教科研的另一种视角[J].中国教育学刊.2017(2):95-99.

案。只有在选择和使用教科研方法的过程中不断比较发现才能具备选择合适的教科研方法的能力;只有在做课题的过程中成长才会真正了解研究设计的关键所在;只有在不断撰写和修改教科研论文、报告的基础上才会使自身的论文写作水平得以提高。同时,还有对信息的收集和筛选能力、对信息的归类和整理能力、对问题的观察分析和解决能力等等,都是在写作过程中得到锻炼和提高的。

在教师常规教育教学和在幼儿园常规教研中,可用课题研究和小课题研究思路开展教研活动,让课题研究和常规教研融为一体,淡化形式上的要求,减少烦琐的程序,化繁为简,注重实效。这样融课题研究和常规教研为一体能提高教师参与课题研究和常规教研的积极性。

二、实践中的成果,笔尖上的记录

许多幼儿园进行教科研存在这样一个现象:针对某一主题进行了教科研,并且做出了一定的成果,但由于幼儿园日常工作繁忙,没有对成果进行及时的提炼与总结,待到类似问题出现或类似主题需要讨论研究时,又需要从头再来。这种现象的存在,不仅浪费了幼儿教师大量的时间和精力,也造成了幼儿园教科研成果的缺失。

所以,需要教师用"笔"进行"记录"。记录,不仅是对教科研成果的一种简单总结,还是经过教师讨论总结、经过执笔者大脑提炼之后的成果型文字,具有类别化的特点,它就犹如一本手册,能够引导教师在遇到类似问题时迅速找到"依靠"和"助手"。记录,不只要求教师具备书写或文字处理的能力,更要求教师能够总结教育成果、提炼问题,并引导参研教师发现成果中的遗漏与不足,寻找到后续研究的突破口。

记录什么呢? 记录每天观察到的敏感现象、有趣的故事;记录和分析参与的事项;记录自己的分析与思考;写一年的工作总结,写自己的感悟与感恩。

课题研究于教师专业成长的重要性毋庸置疑。老师在教育实践中都会遇到自己困惑的各种各样的问题,这些问题的发现、解决,既有对发生背景、原因的调查和分析,又有采取的措施和策略,还有事后的反思和交流。这一系列的"自然遇见"、自主开展和自我回顾的过程,即围绕教育生活的"真问题"展开的"真研究"的过程。在此过程中,不仅能在与他人沟通、阅读有关图书中获得理论提升,而且能有意识地将自己观察、思考、实践、调整、反思、提升的系列过程以笔记等方式梳理记录下来,这必然会为自己带来新的发现和新的收获。

第五节 "用研究"

通过对M市399位幼儿教师访谈,将教科研成果运用的途径总结为"出版专著""形成学术论文""总结为经验文章"以及"直接运用到教育教学中"四项,同时,也对幼儿教师教科研成果运用的需求选择进行了统计和对比分析。

一、幼儿教师教科研成果运用需求的统计分析

M市幼儿教师对于教科研成果希望如何运用,具体的统计结果见图4-2。

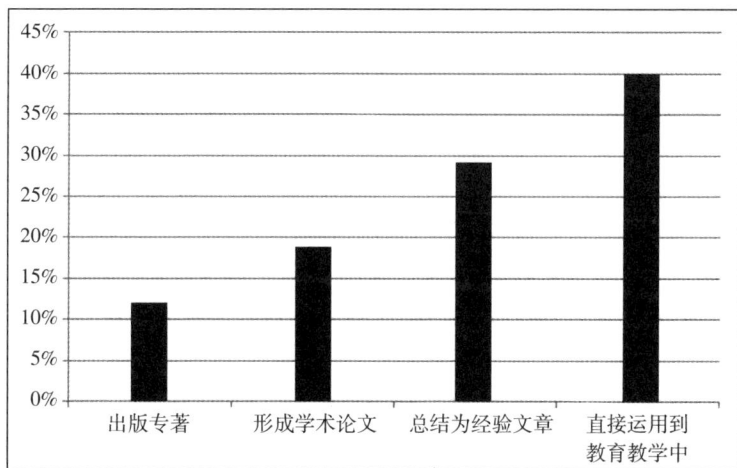

图4-2 M市幼儿教师教科研成果运用需求统计图

这四种成果运用形式,从对教师教科研能力的要求来说是逐渐递减的,而从图4-2教师的选择来看,对于这四种成果运用形式的需求是依次递增的。幼

儿教师,特别是教龄较长的教师,所真正接触的教科研工作较少,对教科研成果运用的方法和经验也相对缺乏,所以,大多数教师会选择较为方便的成果运用方式。另外,对于一线幼儿教师来说,教学始终为第一工作,"直接运用到教育教学中"能够立刻解决教师所研究的教育教学问题,直接提高自身的教育教学水平,教科研成果的效果能够立竿见影。

二、幼儿教师教科研成果运用需求的对比分析

1.教科研成果运用需求的教龄对比分析

不同教龄的幼儿教师,他们所接受的专业培训和工作经验都不一致,所以,在对教科研成果运用的需求方面必然会有较大的差别。

5个教龄阶段的教师中选择"出版专著"这一成果运用方式的比例都不高,教龄在20年以上的教师甚至没有选择这种成果运用的方式。专著的撰写对于教科研能力、文字水平以及其他方面的要求都比较高,对于幼儿教师来说相对困难一些。另外,5个教龄阶段的教师都对"直接运用到教育教学中"做了选择,且所占比例从25%到41%不等,这反映出幼儿园所有的教科研都是围绕教育这一主题,教科研的目的也都是提高园所的保教质量和教师自身的教育教学水平。

在其他项中,教龄在16年以上的教师都选择了"总结为经验文章",且选择这一项的教龄在16-20年和教龄在20年以上的教师人数比例分别占50%和75%。因为在专著、论文和经验文章这三者中,撰写经验文章对于幼儿教师来说更容易一些,且这两个教龄阶段的教师在文章的撰写方面并未接触太多,所以他们更喜欢以经验文章这种类似感悟总结的形式总结自己的教科研成果。

此外,教龄在0-15年的教师都对学术论文和经验文章进行了选择。相对于其他教龄阶段的教师来讲,教龄在0-15年的教师大部分接受过学前教育本科或成人本科的教育,且有较足够的精力去接触和接受新的事物,所以,均能接受以撰写学术论文和经验文章的方式来总结教科研成果。

2.教科研成果运用需求的幼儿园级别对比分析

不同级别幼儿园教师对教科研成果的运用也有不同的需求和方式。

三个级别的幼儿教师最需要的成果运用方式都是"直接运用到教育教学中",其次均为"总结为经验文章"。这反映出在幼儿园,一切教科研都是为教育服务,教师普遍希望成果能够直接运用到教育中并能通过相应的文字进行总结。

另外,一级园和二级园的教师的第三选择和第四选择均分别为"形成学术论文"和"出版专著"。从学术论文的撰写到专著的撰写,其难度是逐渐增大的,对于幼儿教师来说,在这二者当中,当然是更倾向于以难度相对小的学术论文的形式来对教科研成果进行总结。

但是,对于学术论文和专著的选择,三级幼儿园的教师和一、二级幼儿园的教师刚好相反。其有12%的教师希望用学术论文的方式对成果进行总结,有15%的教师希望通过专著来总结。通过对教师的后期访谈我们了解到,之所以出现这种现象,是因为三级园的教师希望将其教科研成果总结为专著并进行出版,这样不仅能提高幼儿园的教科研档次,也能扩大幼儿园的社会知名度,但是对于如何撰写为专著或由谁来进行执笔,三级园的教师表示还未考虑。

第六节 "微研究"

"互联网+"时代的到来改变了整个社会的运行模式,异常新兴的微时代已经走进我们生活的方方面面。微信、微博、微电影、微课等应运而生。教育也在此背景下发生着巨大变化。微研究(含微教研)也在这个时代背景下悄然走进教师的教育工作与生活当中。一般而言,大多数幼儿园只有少量省市一级的立项课题,一个课题核心组也只有少数几个人。因此,对于老师来说,课题不过是少数人的"好事",而不是每个幼儿教师都能摊上这样的"好事"。那么,什么样的研究可以不把教师们的日常研究"拒之门外"?

一、微研究

微研究也称为"微型课题研究"或微型研究,是指把日常教育教学过程中遇到的问题,即时梳理、筛选和提炼,使之成为一个课题,并展开扎实的研究。微研究的核心在"微",即微观的、小型的教科研活动,常因即时生成的问题或话题而开展,特点是内容生成性、活动即时性、地点随意性、人员随机性,其作用是随时解决教育教学中发现的值得研究和研讨的问题。与传统的教科研不同的是,微研究可以随机发现问题、随时开展研讨,还可以借助微信等网络手段展开。

微研究的特点是:内容微,研究的内容主要是教育教学过程各个环节的有价值的细小问题;理论微,不需要有多高深的理论作支撑,也不需要多前卫的理论作铺垫,只要能把自己研究的话题说透就行,让人觉得有道理即可;成本微,研究涉及的范围小、人员少、过程简、周期短,不必大张旗鼓地组织申报,也不必劳师兴众地麻烦专家鉴定;观察微,教师要带着课题意识去细微观察生活,捕捉小而有价值的问题。研究中观察要敏锐、思考要细致、记录要详细,研究要深入,努力探究解决问题的良策。

每一位幼儿教师都要树立"问题即课题"的意识,要求教师按照切口要小、选题要准、研究要实的指导思想,从自身的需求出发,从一个个实际的教学实例出发,认真解析自己的课堂教学行为,寻找课堂教学中存在的问题,做出自我诊断,从而得到问题的解决。微研究同样需要找到切入点,发现真问题,这样才能研而有用,研而有效。[①]研究的内容才更加生动朴实,接地气,贴近教师的教育生活。确立问题后,教师们将在不断提出问题,解决问题的过程中实现自己的专业发展。微型课题研究的一般思路是:确立问题(提出解决什么问题)——预设目标(即期望获得什么结果。研究的着眼点主要是教育教学细节,研究内容是教育教学实践中碰到的真问题、实问题、小问题,研究的周期短,见效较快。微型课题研究以"小切口、短周期、重过程、有实效"为基本特征)——设计步骤(设计研究的步骤方法)——主题阅读(围绕问题查找资料)——研究实施(在教学中应用验证)——总结提高(提供经验和成果)。要求教师把研究过程中的感悟、体会记录下来,撰写教学随笔和教学反思等。

[①]边亚华,陈畅.微教研在幼儿园的实践——以儿童的美术作品赏析为例[J].学前教育.2016(6):18-20.

微型课题研究的是具体的小问题,但不只是一己的、个别的、即时解决的问题,还应能由点及面,推而广之,成为某一"类型"的问题。因此,微型课题研究目标定位为"收获先进的教育理念,蕴积灵动的教育智慧"。在进行微研究时,切入点往往具有个性化特征,而在解决个性问题的过程中,需要进一步深入挖掘其背后共性的问题,即微研究最后发现的一个具有实践共性的"普遍规律"。

二、微研究的选题来源

1. 来源于幼儿教育实践,解决工作中的实际问题

微型研究源于一线教师对自身教育教学工作的总结与反思,以及对教育实践困惑的追问。幼儿园教师主要是研究一些微观领域的问题,包括幼儿教育中某一具体方面或者一定范围内的问题,如:德育问题、管理问题、教学问题、游戏问题、幼小衔接问题、家园合作问题等,还包括一线教师对自身教育教学工作的总结与反思,以及对教育实践困惑的追问。

2. 来源于幼儿"学习故事",捕捉难得的"教育契机"

微研究无论是撰写的学习故事,还是口头表达的或眼中看到的学习故事,都需要用一种专业理解力和专业眼光去观察幼儿的学习与生活,发现幼儿学习过程中的故事,支持并促进幼儿理解故事。

看到了什么?——想到了什么?——为何这样?——应该怎么做?这是促进教师去发现、收集每日工作中的学习故事的逻辑思维方法。

3. 来源于自己调查,发现共性的问题

在与幼儿教师的交流过程中,发现绝大多数幼儿教师在专业成长过程中更多把期望寄托在"他人"的引领或帮助上,而对"自我"的学习或研修对自身专业成长的作用认识不足,发挥和调动自身专长的主体性和主动性不足。其实,幼儿教师的专业发展需要调查研究,要善于"走出去"学习,与别人交流,带着自己工作中关注的问题走出去调研一下,看其他幼儿园是什么情况,听听其他幼儿园老师的困惑,观察其他幼儿园孩子学习生活状态,分析异同,寻找原因,获得

启发和启示。对这些问题的调查分析,能发现新的问题,找到好的解决方案。要做研究,就一定要抓住那些不期而遇的"研究机会",做一个有心人。

4.来源于教育理论文献,找到研究的方向

幼儿教师对自己从事的领域要有一定的了解并保持经常关注,可以从查阅的文献资料,研究领域最新的成果和有关学科发展的趋势及前沿中挖掘课题。这是一种间接性来源。这些课题包括:前人研究之中有不足之处,需要在广度或深度上进一步探讨的问题;理论观点上有争论,需要通过研究探明的问题;通过查阅大量的文献资料,即从前人的理论总结基础上派生、外延与升华出来,从而选出的具有更高价值的能充实、完善相关理论甚至能填补其空白的课题。

三、微研究的开展

莫让"微研究"成为"伪"研究。微研究工作的开展能有效提高教师科研意识,能够使科研活动具有群众性,能够带动一线教师特别是年轻教师的教学水平提高。随着微型课题的深入开展,教师对课题研究的感悟得到加深。微研究可以从两个方面开展:

一是幼儿教师自主申报微型课题。幼儿园教师可以根据区(县)级课题管理办法执行微型课题的申报、立项、开题、结题工作。幼儿教师申报微课题时主要是从问题的描述(为什么研究)、问题名称的确立(研究什么)、研究思路(怎样研究)、预期成果等方面进行大致思考和论证(如下申报表所示)。填好后在所在园所进行领导签字审批,由园所统一提交(也可以个体提交)到区(县)级有关负责单位进行审批立项。

××幼儿园微课题研究申报表

主持人姓名		职称职务	
课题组成员		课题名称	
问题描述(选题缘由、问题困惑产生的过程)			
课题名称(由问题提炼课题)			

研究思路(研究方法、步骤、实践部署等)
预期成果
园领导意见: 签字:　　　年　　　月　　　日

二是教师的微研究课题要与园所课题相互依托、相互促进。"1+1"教科研模式就是一种实践证明了的较好的选择微课题选题和开展研究的格局。一方面,幼儿教师根据园所课题找到此框架下的可以做的子课题;另一方面,幼儿园也可以从幼儿教师的研究兴趣和课题中梳理归纳出幼儿园层面的课题。例如,教师做的微课题"阳光幼儿""阳光活动""阳光区角""阳光游戏"等是园所的"阳光教育"大课题统领下的微型小课题。幼儿教师所做的微型课题与幼儿园做的研究课题互相支撑。

这样做的好处是,幼儿园每个教师所做的事都是幼儿园所需要的事,既没有浪费人力、物力和财力,同时也让幼儿园的教科研工作扁平化和亲民化,这样与科研有关的培训和日常教研工作能够达成共识,能将教学主题研究与科研课题研究相结合,教师业务培训与日常教学研究相结合。课题管理和课程实践具有共同的价值认同,互通默契,让以教师个人微课题研究内容为切入点制订的教研工作计划不再千人一面。其实,微课题和微教研本身都是内容丰富多彩、形式多样的研究活动,真实的幼儿园就是一个个课题融汇的研究场,可以把幼儿教师的微课题和微教研融为一体,相得益彰。在幼儿园进行微研究,幼儿园教师科研意识将获得极大提高、教科研能力将得到很大进步。[1]

---

① 汪乐乐.微型课题研究在幼儿园的实施和思考[J].当代教研论丛.2014(9):121.

第五章

健全多维保障机制确保幼儿教师教科研素养提升

第一节　教科研自觉

研究可能有两种可能：一是奉命研究，二是自觉研究。在开始阶段可能被动成分多一些，但要取得更好的研究结果非靠自觉研究不可。没有自觉就没有主动，就很难发现问题，也就很难创新，更不会愿意付出时间和精力进行尝试性的实践，而且这种尝试还难免失败。教师专业成长过程不只是单纯的技术训练过程，还是幼儿教师潜能的挖掘、主动性的发挥、优势的发挥的过程。

一、教科研自觉的含义

教科研自觉指教科研人员对自己的教科研有"自知之明"，愿意主动增强自身教科研能力，是对教科研价值的自我觉悟和觉醒，是对教育科学研究的主观意识与客观实践的自我认识、自我觉悟、自我需求。可以说，教科研自觉是教师教育研究的理想境界。对于幼儿教师群体而言，教科研的过程不仅仅是一种要求，更是一种"觉悟"，使教科研的种子在幼儿教师自身内发生"聚变"。提升教科研自觉需要我们有对教科研意义、教科研地位、教科研作用的深度认同和责任担当。当然，教师个体的教科研觉醒和自觉开展教科研工作离不开园所教科研文化的引领、熏陶、唤醒和支持，因此，幼儿园教科研自觉也在其含义之中。

一方面，幼儿园要注重引领教科研愿景文化，营造处处是教科研的生态氛围，通过各种激励和鼓励方式——如座谈、沙龙、征文、演讲、竞赛等，让幼儿教师自主参与教科研活动，唤醒他们的发展意识，让其"为自己的理想而打工"，而不能强迫幼儿教师去做，引领教师与园所各自愿景的融合，发挥教师在教科研方面的主观能动性和积极参与性。另一方面，幼儿教师个体和群体需要注重学习，让教科研成为自己的一种生活方式或工作方式。学习如果成为个体的一种内在需要,便会有无穷的潜能可以挖掘。自己要多读书、读好书,养成阅读的好习惯,要主动学习理论知识,掌握基本的和前沿的科研信息和成果,用知识武装自己的头脑。

二、不同视角下的教研和科研

教研和科研既有区别又有联系,在教师的工作实践过程中,教研和科研实质上是融为一体的。从不同的视角看,对它们具有以下理解:

社会学视角:教研是通心力,通心力由厘清自己、换位体验及相互影响三个渐进过程得以发挥。科研是为了认识客观事物的内在本质和运动规律而进行的调查研究、实验、试制等一系列探索和认识活动。

知识管理视角:教研是PCK(Pedagogical Content Knowledge)的转化、传播与利用。"有为者辟若掘井,掘井九轫而不及泉,犹为弃井也。"这段话与教研定义"钻研者之间成果的传播、整合与提升"真可谓异曲同工!做教研就是要掘井及泉,教研者聚在一起不是交流掘井的体会,而是来分享甘洌的"清泉"——钻研成果的。

心理学视角:教研是再生力,即支持他人提升和发展的心理能力。教师的教科研以经验为基础,以问题为切入点,以学习为保障,以实践为核心,以思考贯穿始终,教师是研究的主体。

三、教科研转型与幼儿教师从事教科研实践

教科研工作"二元一体"模式,让幼儿园教师的教科研工作回归日常教育生活。二元一体即教学、科研一体化科研模式和源于教育生活与回归教育生活的科研模式。

(一)教学、科研一体化模式

教师的"自我经验"对于教师的教育教学和自我发展都难能可贵。不要在教科研改革中矮化了"自我经验"的价值,不要将其与经验主义混淆,也不要将其与理性思考对立起来,更不要将其与课程改革划清界限。在教科研、培训中,

有必要运用"自我经验"帮助教师敏感察觉切身体验,多角度提炼零散经验合成"类经验"和"经验体系",生发实践智慧,生成个人教育思想。[①]

课题研究与教学研究有机融合,以做课题的精神和方法来解决教学过程中遇到的问题,以教学实践中的真实问题作为研究对象,在科研过程中树立"问题即课程""教学即研究"的思想,深入系统开展教学实践研究,例如"一课三研""同课异构"等就是实现教科研一体化的重要途径。这种方式成为教师共同探索的驱动力,并最终实现全体教师对研究实践成果的共享。研究不再是负担,而是自我提升的珍贵机会,教师的积极参与必将有力促进幼儿教师及教科研活动的顺利和全面开展。[②]但是,要避免一课多研只关注和追求精品课,而忽略或弱化对研究的过程和一课多研本身的价值挖掘。

(二)工作、学习一体化模式

幼儿园教科研的过程要结合日常教育工作和生活,因为幼儿园教科研的源头就是幼儿园的教育生活。幼儿园应在日新月异的教育实践中发现问题,在丰富多彩的问题中选择最迫切、最适合的课题。[③]选择课题后,在科研开展过程中,参与教科研的教师要始终呼应日常教育生活的需求,坚持以日常教育生活为载体,立足于日常教育事件,以现实的教育问题为切入点,在日常教育生活中制订科研方案、开展行动研究、探索问题解决策略,并通过日常教学和幼儿发展来坚持科研实效。[④]及时进行科研方法与策略的反思、调整,促进幼儿园教育质量提高。

教科研需要真诚的态度、专业的研究,集体的智慧,在工作、学习中要用研究的眼光、研究的态度、研究的方式来从事教育教学,即把研究作为教育工作和生活的方式,让研究伴随着教师的专业发展和成长。研究、学习、工作的融合构成教师生活的完整意义。教师生活中包括教育工作、学习活动和研究活动,三者在本质上是兼容的。因为教育对象的流动性,教育情景的不完全重复性,课

[①]潘海燕.论教师的自我经验及其作用——基于中小学教师专业成长的科研转向[J].中国教育学刊.2017(5):95-99.

[②]曾莉,彭丰,申晓燕.幼儿园教育科研中的普遍问题与应对[J].学前教育研究.2012(4):64-66.

[③]赵昌木.论教师成长[J].高等师范教育研究.2002(3):11-15.

[④]于俭.幼儿园教育科研的现状与基本对策[J].当代学前教育.2008(1):12-17.

程改革的不断创新,教学技术的不断更新,要求教师通过不断学习来更新自己的专业内涵。学习是为了更深入地挖掘问题的实质,即在现实的背景下怎样才能使我们的教育教学变得更有意义。研究活动不仅是一个引起批判思维和开发探究职能的载体,本质上它还是一种学习,在任务驱使下的问题解决式学习。三者的融合:从研究角度看,体现在研究问题来自教学实践,研究过程伴随着教学过程,研究成果包含着教学成果;从学习角度看,体现在将研究作为学习的方式,在解决问题中学习,在实践反思中学习;从工作角度看,体现在让教学成为实践创新活动,在完善教学过程中学习教学和完善自我,教师研究的目的指向教育行为的优化,行动的理性自觉指向不断革新和改善教育行动。

从教学理论到课堂教学实践必须有一个中间环节,即创造性地运用教学理论的环节,这一特殊的环节也就是教师教学研究和反思。这在客观上要求教师必须以研究的态度,审慎地考察课堂教学情境,反思自身的教学观念、教学行为及其意义,同时还要求教师应站在儿童的角度,了解他们是如何对自己的生活经验进行解释的,他们是如何利用自己的生活经验进行学习的。所以,教科研是教师工作必不可少的重要内容之一。

融合工作学习于一体来研究的这种融合的模式从某种意义上是教育教学实践的一种形式,不是游离于教育教学实践行为之外的活动,不只指向改变教育实践,更指向教师对于教育教学实践理解的加深、教育信念教育理想的建立。

(三)半日教研模式

这种模式开展的教研针对的已经不再是一节独立的"课"如何上,而是要在观察中讨论幼儿在半天内的所有生活和活动环节做得如何。是否体现出了"有教育发生"? 是否能看到教师在各个环节中的细微发现和对教育素材的捕捉和加工能力? 半日教研制度设计中的教研点在哪里? 以一个上午(除去入园时间)的教研为例,主要以三种组织形式去研究问题,一个是集中活动,一个是分散活动,一个是过度环节。这些都是以集中和共性的角度去发现问题和研究问题。

在开展园本教研时,经常采用"为何研——研什么——怎么研"这样的思维路径和思考方式。"为何研"的提出应以解决问题、优化实践、促进教师专业成长为目的,坚持研有收获、研有所得。"研什么"应该关注幼儿园保教活动中的问题。"怎么研"应是充满吸引力的快乐之旅,有趣、愉悦、成长是教研活动的特性,这样一定会促使教师从"要我研"转变为"我要研",从"我想研"成长到"我会研"。

四、让教科研工作成为一种幸福

专业教师的高要求在应然层面上要求着幼儿教师,幼儿教师专业素养在实然层面上还存在些许问题。苏霍姆林斯基曾经说过,如果你想让教师的劳动能够给教师带来乐趣,使天天"上课"不至于变成一种单调乏味的义务,那你就应当引导每一位教师走上从事研究这条幸福的道路上来。这个世界上谁不希望自己幸福? 如果研究真能给人一种幸福,相信教师十分愿意做研究。教科研对幼儿教师自身和幼儿园的重要性已经毋庸置疑,但教科研是否真正能给教师带来幸福,让教师看到幸福,让教师感到幸福呢? 我们通过观察、访谈、问卷等形式的调研可以发现,不是教科研不能给教师带来幸福,而是当前的研究取向和研究方法不能给教师带来幸福。从方法上看,当前数据化、程式化、文字化等仪式化的东西还比较多,这些要么太大,幼儿园教师做不了,要么无用,成了教师的负担。因为目前的教科研很多时候仅仅是把它作为认识外界事物关系的活动,而忽视了教科研改造自身、发展自身的意义和作用,没有对自身的改造和变革,没有在研究中创造和实现新的自我,就难以体会到教科研的幸福。①

教科研促进教师自己的改变。教科研具有改变的力量,改变教师自己、改变单位、改变职务职称的调整、促进成果的产生,使人感到满足和骄傲。这是一种内化与外化的过程。内化就是内在的变化,自我更新,是教师更加积极的自我认知和自我体验,以及更加自觉的研究型教师的生活方式。因为研究,自己的内心在不断充实和丰富,体验到的认识在不断增多和改造教育的力量在不断增强,通过这种内化提升自己的生存价值。外化是创造和自我实现,是实证自己的生存价值。因此,在这种内化到外化的变化过程和双向的互动和促进中,不能说没有幸福。

①陈大伟.教育科研与教师成长[M].上海:华东师范大学出版社,2009:3.

研究给人以幸福。在研究中感到幸福是因为有了真正的发现和创造。研究者因为研究而生活在希望和理想中，这样的研究使得教师自我欣赏和认同，这样的研究有新知、有新事，但更重要的是有新人。教科研是教师的"幸福之源"，一是因为教科研提供的教育规律性认识能减少教师因缺乏有效教育手段而产生的烦恼，增添教师的工作胜任感和成就感。二是教科研促进教师不断在新的领域里活动，领略新鲜事物，得到更多方面的发展，从而获得满足感。三是教科研有助于教师职业道德水平、专业水平提升，以至成为更有人格魅力、学术功底更扎实、为人尊敬的人。因此，幼儿园要营造良好的研究氛围，提升教师教科研的主体意识，提升教师思维品质、专业水平，提升教师教育教学能力，提升师生生命质量和生命价值。

教师是教科研活动的主体，没有主体的积极参与，即使有再好的教科研环境，教师教科研素质也无法实现提升。理想中的教科研应该是教师主动、自觉参与的，教师在反思性、研究性的职业生活中收获美满与幸福。

第二节　健全多维保障机制

幼儿教师教科研素养的提高不是一蹴而就的事情，需要经过长期的努力，也不是单靠某个人或某方面的努力就能实现的，是一项系统工程。因此，提高幼儿教师的教科研素养，必须从支撑和影响幼儿教师教科研的各个环节的各种要素上下功夫。即为幼儿教师开展教科研建立管理、运行、激励和经费投入等方面全方位的保障机制。

一、教科研管理与运行机制

在教科研工作被日益重视的今天，教科研工作的管理也是值得大家研究的一个课题，每个幼儿园有各自不同的工作重点和师资水平。教科研管理需要有科学的态度,根据各自的特点探索更适合自己的教科研管理方式,从而使教科研工作取得更大成效。

在幼儿园中,对教科研活动进行管理是非常重要的一项工作,需要增强思想意识,把握运行机制、体制。

(一)把广泛开展教科研活动纳入教师继续教育

国家在学前教育科学研究上的发展战略,应强调幼儿教师是学前教育科学研究队伍中非常重要的组成部分,倡导从幼儿教师中走出学前教育专家和儿童教育家,把幼儿教师的教科研素养的培育定为各项培养的重中之重,并将其纳入学前教科研、幼儿教师队伍建设的发展规划,从而在幼儿教师教育、幼儿教师教科研机构建设方面提供相应的政策支持。对幼儿教师的继续教育,无论是在制度要求上,还是在具体实施过程中,都要强调把教科研素养的提升作为重要的内容和培训目标。

(二)健全教科研组织机构,形成市、区、园三位一体的教科研网络

《国务院关于当前发展学前教育的若干意见》(国发〔2010〕41号)以及国家第三期学前教育行动计划都强调了建立学前教育教科研片区职责制,以提高学前教育质量。要使幼儿教师教科研活动能够顺利实施,则需要建立起相应完善的制度和规范,通过相应制度规范的制约保证教科研的有效实践,同时幼儿园教师的教科研工作能够顺利实施还需要一个有力的教科研机构提供专业服务和指导,对幼儿园的教科研工作进行规划、组织、管理、协调等。教科研机构的建设,从上至下、从中央到地方的科研网络要健全,最终一定要延伸至幼儿园。教科研组织机构要以规范化管理体现幼儿园教科研的严谨性、科学性、实效性,真正发挥各自的指导促进作用。教科研机构的主要任务包括:(1)组织幼儿教师学习教科研理论,普及教科研知识和方法;(2)发动、组织、管理与指导幼儿教师的教科研工作;(3)积极推广幼儿园的教科研成果和教改经验;(4)沟通与市区县幼儿园的联系。

（三）建立省、市级教科研专家资源库，形成各领域研究团队，指导、帮助基层幼儿教师有效开展教科研

除了教科研机构的建立和建设，还应重视机构内教科研人员的构成，选准选好教科研的负责人。幼教科研的带头人，应具备较强的研究能力和较高的教育工作水平，在教师中具有一定声望，能有效地组织和协调教科研工作，还要具有创新意识和奉献精神。加强教科研工作的同时注重教科研队伍建设已成为一项必须切实加强的重要工作。由教育部门牵头，统合本地的教育专家、学科带头人资源等组成市级教师教科研专家引领团队，利用市级科研专家资源库的资源与幼儿园形成帮扶关系，结合本园的研究领域，通过专家进入基层发现问题，与教师"交谈"来促进教师教科研活动更高效地开展。或者组织专家引领团队通过网络对话的形式，形成教师教科研专家引领的地区网络。

（四）搭建平台，重视幼儿教师在"研究共同体"中的主体地位

现代社会是终身学习型社会，"学习共同体"成为当前教师专业发展的主流范式。教师教科研实践也需要共同体形式和平台搭建，便于幼儿教师之间沟通交流。民主、和谐的学习，有助于在实践中消除各自之间的疏离和孤立。

从教科研课题的立项来说，国家和省市各级教科研课题的立项部门，要加大对学前教育类别课题的支持力度，保证幼儿教师立项的比例较高，并尽量做到公平、公正、公开，让一线幼儿教师有更多机会走向教科研的前台。从教科研课题的具体开展来说，在研究团队的内部构成关系上，要确保幼儿教师在"研究共同体"中平等、独立的地位，改变在现实中普遍存在的幼儿教师为专家服务、为领导服务，严重扼杀幼儿教师从事教科研积极性和创造性的现象，确保幼儿教师是在教育教学的基础上进行研究，研究服务于幼儿园一日活动、保育教育。

二、经费机制

经费是进行教科研的必要保证条件，要设立幼儿教师教科研专项研究经费，体现重点与激励。经费用于订阅教科研报刊资料、购买仪器设备、教师参加培训、进行课题研究以及成果奖励等。地方主管部门在政策上积极引导，在每

年的教育经费中增加对教科研经费的投入,对幼儿教师的教科研活动积极地鼓励,从教科研经费上给予充分的保证,这样会增强幼儿园和教师个体对教科研的重视程度。而幼儿园也应把科研投入纳入到幼儿园的教育开支中,这样也可以表明幼儿园对教科研的重视。同时,科研经费的筹集应该广开渠道,幼儿园资金不足的应该争取外界的资金投入。

三、教科研资源保障机制

教科研资源的有限性是制约幼儿园发展、限制教师教科研素质提升的一大客观因素。图书、期刊等文献信息资源是教科研的基础,本园的档案室和图书资料室是教师教科研素质提升的重要场所。幼儿园要学会从自己的生态角度出发,广泛收集资源为教师成长助力。

一是向园内群体借脑借力和向园外同行借人借力。幼儿园中每个教师都有自己的闪光点,要充分去发现每个教师的优势,各位老师各司其职,各尽其能,形成全园"教科研人才资源库"。这不但可以焕发每一位教师的活力,且每位教师都随时随地帮助其他教师,也随时随地接受其他教师的帮助,这是一个无穷尽的教研和培训资源。依靠教师群体,教研资源才能源源不断。比如,幼儿园可以推出"成长分享舞台"动态资源,包括活动展示、论坛分享、观点报告、研究小组、问题沙龙等,随时根据教师的特点而变化或增减,根据教师的需求而设置。园内所有教师都可以根据自己的擅长之处开展小讲座、小沙龙等,每一次的分享都可以拓展到全体教师,为幼儿园提供一股新的教研力量。同时,不仅仅满足于激发园内教师的潜力,还要向园外的同行专业人士借力,让教师们与专家面对面交流与对话,专家资源包括一线执教名师、名园长、区(县)教研员等教研资源。

二是向物质资源和时间资源借物借力。远水解不了近渴。幼儿园要善于利用周边的生态群落和周边每一处对教师教科研有利的环境资源,为教师的教科研发展构建一个和谐的、稳定的、可持续发展的教科研生态环境。教师教科研素质的提升也需要一定的努力,尤其是对那些教科研素质基础相对比较差的老师来说,教科研素质的提升需要付出很多的时间和精力。研究资料的查找、阅读,教科研共同体的听课、评课、讨论,行动研究策略的形成以及最后的论文撰写都需要一定的时间。幼儿园应该创造条件让教师有更多的时间来提升自身的教科研素质和进行行动研究,帮助教师协调好科研工作和其他工作的关系,让其边研究边学习,以学习促进研究。

三是增加教师教科研网络资源。将网络资源有效开发,使其成为帮助全体教师教科研素质提升与教科研活动更好开展的重要手段。在幼儿园网站上提供教科研素质发展方面的讲座视频、理论知识;提供教师教科研讨论、交流的网络平台,形成教师研讨的网络论坛,将幼儿园网站建设成为教师教科研成果的展示平台。

此外,还要为教师们外出学习搭建平台。

四、评价与激励机制

幼儿教师的教科研目的绝不是要使幼儿教师都来写论文、出专著,而是让幼儿教师在教育教学实践中,把握运用基于科学研究的教育教学策略,具备更好适应各种变化的能力,在更好地促进儿童健康发展的同时促进自我成长。因此,应加强对幼儿教师教科研能力和成效的标准把握,切忌沿用专门研究人员的标准,而应以教师参与实践、表达观点、倾听别人观点的表现为依据,鼓励教师在观点的分享中启发自己的思维,并在不断的实践中总结提高,获得的专业水平提升。将教师们的表现作为参与实践教研活动的评价标准之一,用多元评价(包括个人自我评定、教师档案袋评价等)建立促进教师专业发展的长效激励机制——物资与精神奖励相结合的激励机制,为广大幼儿教师创造宽松优越的教科研环境,以更好地促进幼教科研发展。

一方面,教科研成果与幼儿教师评职晋级挂钩,把幼儿教师的教科研成果与职务评聘、评优、晋升、获得科研资助联系起来,充分调动幼儿教师从事教科研的积极性、主动性和创造性,从而使幼儿教师转变观念,树立和增强从事教科研的信心,大胆创新,勇于实践。另一方面,为教师提供学术学习交流、成果展示的机会,不断提升教师教科研素养。在课题研究实践的基础上,物化研究与实践过程中形成的理论成果、经验成果和实践成果,推广教科研理论和实践经验,使幼儿教师尽快学会和掌握教科研的基本方法和技巧。

此外,教科研评价是一项导向性、评价性的工作,它对广大幼儿教师从事教科研工作起到一定的导向、示范和引领作用。教育部门必须制定一套严格的教师教科研考评流程体系,注重过程性评价和终结性评价相结合,加强对考评过程的管理和对考评结果的监督反馈。避免过去只以研究成果材料为重要依据,"重结果、轻过程"的不良现象。这既认可了教师的教科研工作,又提升了幼儿教师继续开展好教科研工作的积极性和创造性,更有利于教师真正实现"在工作中研究,在研究中工作"的工作方式,促进了教育教学工作的开展和教师自身素质的提高。

第三节　基于需求与问题的培训

近年来,在幼儿教师教科研培训上,实践者和理论者致力于打破传统的自上而下的教科研培训模式,帮助广大教师从处于遵从、被支配的地位中解放出来,在专业共同体中实现自我发展。无论是国培、市培、区/县培还是园培,各地各园都在纷纷建立教研组、项目组、片区、结对帮扶等多种教师培训团队模式,形成了教师培训研修的多样化的组织网络。虽然在实践和场所方面问题不大,但教师们对培训的认同却存在很大争议。在培训中,要求培训者及时反思和调整自身行为,达到改善的目的,实现理论与实践的有机结合。

一、核心理念

基于问题的培训模式是20世纪90年代中期专业教育领域的革新之一,要求学习者将自己理解的理论和知识运用于实践面临的主要问题之中,强调把学习设置到负责的、有意义的问题情境中,通过让学习者合作解决真实性问题,学习隐含于问题背后的科学知识,形成解决问题的技能并形成自主学习的能力。

（一）以问题为中心

这里指的问题是在教育实践活动中,用现成的经验或知识无法解决的一种矛盾情景,这些问题应当是具有高度影响的,也就是这些问题会在一个相当长的时期内对许多个体产生影响。每个幼儿教师都会在实践中遇到各种问题,源于问题的设计,使培训目标直接指向问题解决,这样的培训深受园长和教师的喜爱。①例如:对于园长而言,亟待解决的问题是如何提高管理质量,如何进行课程领导;对于业务园长而言,亟待解决的问题是如何开展日常查班,如何评价教师的半日活动,如何在园本教研中进行专业引领;对于带班教师而言,亟待解决的问题是如何进行集中教育活动设计,如何创设游戏环境和游戏区角,如何投放材料,如何指导游戏活动,如何开展班级家长会及如何进行家园沟通;等等。

以问题为中心是对幼儿教师进行专业培训和教科研素养提升培训的重点。以问题为中心,以发现问题、反思问题、解决问题为主线开展培训,这是一种从实际问题出发,在解决问题的过程中学习知识、提高能力,并最终将所学知识和能力应用在实际中的方式。以问题为抓手的培训活动,培训方式有文本式的、案例式的、实践操作式的。

（二）以幼儿教师的实践需求为本进行培训

了解教师真实的教科研需求是对教师个体内心成长需求的真正关注,只有清楚了解每一位教师在成长过程中需要什么、困惑什么,才能有针对性地开展教科研。如今时代在变,时代对人才的要求在变,时代对幼儿教师的要求也在变。面对瞬息万变的社会,没有亘古不变的方法,所以,从教育和教师的需求出发,精心策划每一个教研活动,是摆在我们幼儿教师面前一个永恒的话题。幼儿园教科研不仅能够促进教师专业角色的确立,提高教师的教科研水平,还能在此基础上提升幼儿园整体的保教质量,从而达到科学教养,促进孩子健康成长的目的。

---

①马虹,李峰.基于问题的业务园长培训模式研究[J].学前教育.2015(6):47-49.

　　首先是定期的定向了解。通过问题清单方式,即将教师专业发展可能涉及的问题罗列成清单,逐步排除和分析,了解教师成长的真正困惑所在,直至发现教师专业提升的需要和顺序,清单中的问题可以根据幼儿园教师的实际情况进行调整。也可以通过"抱怨条"了解教师的抱怨是什么并让教师表达出来,这种基于教师心理的倾诉个体愿望的方式,可以很好地将教师的负面情绪化解,也能捕捉有利信息,解决目前教科研存在的问题以及改善教师专业发展的现状。

　　其次是不定期的随机了解,一是通过小中大班各年龄班的"班级问题收集板"引导教师在日常教育教学中随手将自己的问题和困惑写到题板上,督促教师加强问题意识与落实,并随时和教师交流,引导教师逐步学会记录自己的即时困惑,并在记录的基础上尝试自己解决存在的问题与困惑。对收集的问题进行整理,以成为教师成长培训素材和来源。在这个过程中,教师不断获得进步,才有动力不断去关注自己的教育实践。二是可以运用"办公室问题求助栏"来方便教师将自己和同伴探讨的问题随意写下,加强教师之间的随意沟通,分享自己教学中的趣事和无奈,这也是很好的教研素材。比如,筹建一个教师集体办公室,鼓励大家勇于提出问题,引导大家形成一种爱提问的氛围,及时帮助解决当事人的问题与困惑,也能让其他"路过"的教师得到启发。三是通过"教研组问题收集册"深入一线收集问题,根据问题进行有准备的教研。四是,通过第三方(社区协助团、家长观察团、专家资源团、园内成员)观察了解,取得更为全面的信息。①

二、幼儿教师教科研需求现状

　　把握幼儿教师的教科研实践的需求,了解教师更倾向于采用何种形式进行教科研,更期盼教科研成果如何运用,不仅能够帮助教师更好地分配运用到日常工作和教科研工作当中的时间和精力,更能够在一定程度上提高教师教科研的积极性。

---

① 李江美.构建了解教师真实教研需求的体系——小型幼儿园园本教研模式之一[J].学前教育.2013
(5):9–12.

(一)教科研形式需求分析

通过前期对M市幼儿教师的访谈,将幼儿教师所讨论的教科研实践形式进行了总结,即开展课题、专题讨论、反思总结、集体备课、赛课评课这五种形式。幼儿教师教科研形式的需求见图5-1。从图中可以看出,"专题讨论"是教师最需要的教科研形式,其次是"开展课题"和"集体备课",再次为"反思总结","赛课评课"这一形式没有教师选择。"专题讨论"的核心在于教师通过自己的教育教学经验选择一种专题(或问题)与同事或同行进行讨论,并在讨论中总结经验,找寻解决问题的办法。这种形式既能调动起教师讨论的积极性,使他们有话可说,又能为教师真正解决在教学活动中遇到的切实问题。同时,该类教科研形式也不会占用教师过多的时间和精力,所以会备受大多数教师的青睐。在问卷调查中,没有任何一位幼儿教师选择"赛课评课"这一种教科研形式。通过对教师的后期访谈了解到其原因为教师们认为"赛课评课"会消耗大量的时间和精力,而且,赛课期较短,不能为教师的专业成长提供切实的帮助。

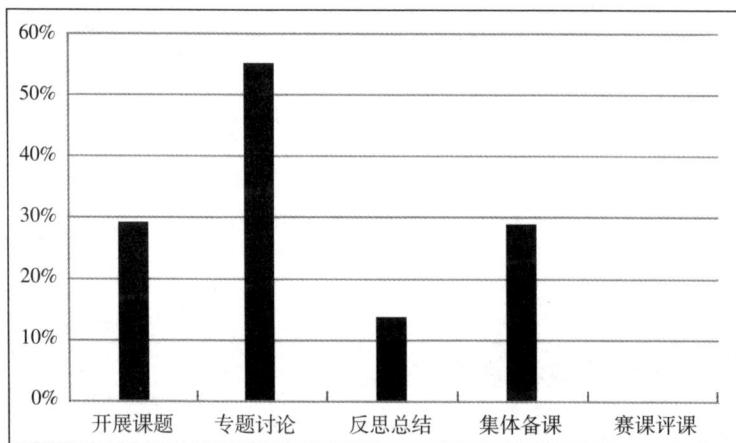

图5-1 M市幼儿教师教科研形式需求统计图

(二)不同教龄教师对教科研培训的需求

对不同教龄教师的对比分析发现:教龄在5年及以下的教师对"开展课题""专题讨论"以及"反思总结"这三种教科研形式选择的差距并不大,分别为33%、33%和25%,仅有9%的教师选择了"集体备课"。该阶段的教师基本上都为科班出身,具备一定的教学素养和教科研能力,所以,在课题研究等方面并没有排斥。通过后期的访谈,我们了解到,该教龄段的教师更偏重于自己的想法,所以在选择时很少教师选择"集体备课",他们认为集体备课会影响自己的理解,所以他们宁愿通过自己的反思或是专题讨论等形式去解决自己在教育教学中所遇到的问题。

教龄在6-10年的教师选择"专题讨论"的人数最多,占到了50%,这可以看出该教龄段的教师偏向于与同事或同行之间的交流,并期望通过这种有主题的交流解决教育教学中所遇到的问题。同教龄在5年及以下教师一样,该教龄段的教师也有较多选择了"开展课题"这一教科研形式,这表明越来越多的教师开始真正将教科研引入自己的日常工作。另外,仅有6%和13%的教师选择了"反思总结"和"集体备课",这反映出此教龄段的教师在教育教学上已经有了一定的经验和自己的见解,如遇到问题更多地是通过"专题讨论"进行解决。教龄在11-15年的教师中有50%选择"开展课题",13%选择"专题讨论",37%选择"反思总结",这表明该教龄段的教师依旧有进行教科研的热情和需求,只是在教育教学中遇到问题时更期望依靠自己的分析与反思来解决,而不是通过集中式的讨论与研究来解决。教龄在16-20年的教师仅对"开展课题"和"专题讨论"两项做了选择,且这两项选择的差距并不大,表明在教科研方面,该教龄阶段的教师有相应的需求。教龄在20年以上的教师教学经验丰富,能基本解决自己在教学上遇到的问题,但在课题研究方面以往很少接触,缺少一定的课题研究的知识和方法。所以,在教科研形式的选择上,他们仅选择了"专题讨论"这一项。

(三)不同园所对教科研培训的需求

对不同等级幼儿园的对比分析发现一级园的教师更多地选择"开展课题"(42%)和"专题讨论"(46%)这两种教科研形式,这符合一级幼儿园自身的定位。相对于二、三级幼儿园来说,一级幼儿园的教师有较高的教科研素养和能力,且寓教于研,教学与研究并重也是社会对于一级幼儿园的定位和期望。一级幼儿园的教师其次的选择为"反思总结"(12%),这表明了一级幼儿园的教师在进行集体教科研的同时并没有忽视自身的研究探索,依然期望通过自己的反思提高自身的教学素养和能力。

二级幼儿园教师当中有58%选择了"专题讨论",其次为"开展课题"和"反思总结",选择该两项的人数所占比例均为21%。二级幼儿园的教师从理论上讲在教科研素养与能力方面与一级幼儿园教师相比较要稍弱一些,而在对教科研形式需求的选择中,他们也大多数希望通过开展专题讨论来进行教科研。但是,21%的教师对"开展课题"这一形式的选择也反映出了二级幼儿园教师教科研和更高专业素养的追求。在三级幼儿园教师中,有48%的教师选择了"反思总结",39%选择"专题讨论",9%的教师选择了"开展课题",仅有4%的教师选择"集体备课"。目前,大多数三级幼儿园的教育目标在于保障幼儿的安全和健康方面,在科学教科研方面还未能深入地开展,所以,大多数教师期望继续通过自己的反思与总结来提高保教质量,如遇实在棘手的问题则可以通过讨论来解决。但是,三级幼儿园的教师仍有进行课题研究的期望,这也间接反映出了三级幼儿园教师中仍然有部分抱有进行教科研的热情和需求。

三、开展有效性培训,帮助教师掌握基本的教科研知识和方法

(一)"自助菜单"培训

"自助菜单"培训是将参与培训的自主权交给老师,激发教师的学习积极性、主动性。具体做法是:在开学之初,对教师进行培训需求调研,教师根据自己的实际需要和兴趣爱好,列出当前需要得到培训的内容及喜欢的培训形式,然后由教研组长进行归纳、汇总、分析,最后列出"教师成长需求菜单",即主题,每个主题又细化出若干具体内容,教师可根据自己的切身需求和能力自主选择。培训方式由集体培训、专项组培训、年级组培训、教师个人自主学习相结合。教师选择结束后,幼儿园根据培训计划再分层从上到下逐一安排园本教研培训。

跟进式培训和指导,可对掌握培训后的实践情况,了解培训效果,及时调整培训思路发挥重要作用,其不仅验证了培训的实效,更有利于发现问题,生成新的培训内容。

（二）"轮流首席"培训

"轮流首席"式园本教研培训,是教师提出申请,轮流担任培训学习的首席组织者。首席主持人要做好活动的前期策划,确定活动的地点、内容、形式等。首席主持人收集、整理充足的学习资料,确保活动有科学的理论支撑,并能与教学实践紧密结合。活动结束后还要进行活动总结、反思以及档案资料的整理。[①]

无论哪种培训,都要注意,一方面,在培训内容上,必须突出学前教育科学研究专门知识的重要地位,强调水平分层针对性。在调研的基础上,广泛了解教师需求,教科研素质处在不同水平上的教师对于教科研培训内容的要求是不一样的。对没有学前教科研专门知识基础的幼儿教师,要及时补上这方面的知识;对有一定教科研经历的幼儿教师,要帮助他们发现不足,向他们介绍教科研的新成果、新的研究方法以及研究趋势,引领其教科研朝更有深度、更有广度的方向发展。另一方面,在培训方式上,必须结合幼儿教师自身、幼儿教师所在幼儿园的具体情况,实现传统的课堂教学培训范式向教学、科研、培训一体的培训范式转变。教科研管理部门可以结合已有教科研培训经验灵活运用网络培训、假期集中时间培训、教科研观摩、论坛、教科研知识竞赛等方式,增加培训的趣味性;组织科研强园与薄弱幼儿园结对,开展教科研帮扶活动,让优秀教科研教师与一般教师成为师徒,实现共同成长。通过这些方式来丰富幼儿教师的基本的教科研理论知识和方法,从而实现教师教科研素质的提升。此外,总结梳理是检验培训效果的重要环节。

---

① 田智敏.浅谈幼教集团多元化的园本教研培训[J].早期教育(教师版).2014(4):30-31.

第四节 大数据时代背景下幼儿教师的教科研管理

一、用好大数据工具

2011年麦肯锡全球研究所发布题为《大数据：创新、竞争和生产力的下一个前沿领域》的报告，大数据逐渐从技术范畴走进社会公众视野。大数据因其具有预警性、预测性、差异性、共享性、动态性等特点，被越来越多地运用在教育领域。[①]美国国家教育部2012年发布了《通过教育数据挖掘和学习分析促进教与学》报告，说明，利用教育数据及时挖掘和学习分析技术，为教育教学决策提供有效支持将成为未来教育的发展趋势。[②]这是在教育领域应用大数据的一份重要文献。大数据也称为巨量资料或海量数据，它是通过科学实验、检验、统计等方式所获得的，用于科学研究、技术设计、查证、决策等目的的数值。大规模、长期地测量、记录、存储、统计、分析所获得的海量数据就是大数据。[③]

大数据既是一种思维方式也是一种研究方法，是基于数据和分析而非经验和直觉做出的判断、诊断、猜测、猜想等。大数据时代背景下的教科研将更多依靠各种长期积累且相互共享的数据库。用大数据推动学前教育教科研管理是实践的任务和使命。大数据可以让教科研更好地促进教育发展：改变教科研思路、丰富教科研方法、为研究者提供个性化服务、创新成果评价体系。有必要建立和完善教科研管理的数据库，构建适应教科研需要的大数据交流和分析平台。[④]

二、幼儿教师的自我管理

坚持自主学习和经常性带班与随机走班观察相结合，多思考、多研究，进行

① 周湘林.大数据时代的教育管理变革[J].中国教育学刊.2014(10):25-30.
② 徐鹏,王以宁,刘艳华,等.大数据视角分析学习变革——美国《通过教育数据挖掘和学习分析促进教与学》报告解读及启示[J].远程教育杂志.2013(6):11-17.
③ 胡德维.大数据"革命"教育[N].光明日报.2013-10-19(5).
④ 姚慧.大数据时代教育科研管理的变革[J].中国教育学刊.2015(9):51-54.

自我教科研管理,要主动积极参与教科研,做教科研活动组织中的自组织者、执行者和创新者。"自主学习和自主教科研管理"是幼儿教师从事教科研管理的重要部分。

自主学习作为一种主动、自觉、独立的学习,成为当今教育研究与改革实践的一个重要主题,研究者们从不同角度对其进行界定。美国班杜拉认为,自主学习本质上是学习者基于学习行为预期、计划和行为现实之间的对比、评价来对学习进行调节和控制的过程。幼儿园教师作为一个成人学习者和研究者,其自主学习以自身的专业发展需求和完善为指引,是一种幼儿教师基于自身工作实践和已有知识经验,主动发起并进行自我指导和管理,以提升教育教学实践有效性为最终目的的专业发展活动,具有实用性、经验性、终身性和示范性等特征。自主学习基于关注的问题,包括幼儿教师最关心、最重视的问题,也包括困扰、挑战幼儿教师的问题,因此,幼儿教师的自主学习和自主教科研管理离不开自己的工作具体情境,往往由教育教学实践中的问题引发,并以问题的解决为目的进行自主学习和教科研管理。[①]

幼儿教师的自主学习和自主管理是一种"自我更新取向"的专业发展模式,更是提高幼儿教师教科研素养的有效举措。通过自主学习,加强了与多位教育家的"对话",强化了对幼儿教育职业的使命感,学习了他人的教科研成果,自我唤醒和自悟了很多幼儿教育的基本原理,同时也实现自我价值。将自己自主学习的知识、经验等进行归纳整理,及时撰写读后感和反思,将这些材料进行归档,以便随时查阅,随时进行研究。这是一种自我编码。因此,幼儿园园长要充分给予幼儿教师以及幼儿教师要给自己一定的自主学习的时间和空间,这样幼儿教师才能提升自我学习和自我管理的能力。

三、幼儿园(所)教科研制度管理

制度是一切工作顺利开展的保障,幼儿园把教科研工作纳入日常工作轨道,成为幼儿园工作不可缺少的部分,用科学的管理方法促使园内教科研工作开展起来。幼儿园要研究制定系列切实可行的科研制度,如教师参研奖励制度、

教研管理制度、课题管理制度、课题档案资料整理制度等,通过这些制度,以管理促科研,教科研工作得以全方位渗透、全过程推进、全园性参与,增强了教师的教科研意识。

作为幼儿园的领导层,应该怎样引导教师主动参与教科研工作,并对教科研进行有效的科学管理以促进教师教科研水平和幼儿园质量的提升呢?首先,教科研管理应该成为幼儿园管理工作的一部分。其次,力求"教科研有质量",力求从教科研"神秘化"向"大众化"转变,从理论科研向实践科研转变,从个体科研向集体科研转变,从单纯写教科研论文向全面提高教育教学质量转变。

首先,幼儿园要制定必要的教科研管理制度,包括教科研岗位职责、幼儿园教科研常规管理制度、教研工作集体审议制度(包括各级各类教研计划审议,对活动过程及其记录资料的审议等)等,其是规范幼儿园教科研工作的重要措施,也是促进幼儿园发展、提升办园品位的需要。通过教科研制度管理发挥其规范作用、指导作用和监督作用。其次,领导支持,措施保证。教科研要想真正顺利、有效开展,领导的支持是不可少的。只有领导对教科研工作正确理解,才能把教科研工作作为幼儿园的重要工作来抓。组建教科研工作室,由院长、业务院长负责管理,由主任和骨干教师组成教科研工作小组,开展对教科研具体工作的研究。再次,教研开道,经费保证。教科研是意向紧密联系实践的工作,必须与教学工作相互结合。让教研、科研合二为一,即在教研中进行科研,同时以科研促进教研,以此提高教科研效果和教师的研究能力。但是教科研需要一定的条件,须有一定的经费保证。

四、树立正确的教科研观念是进行有效教科研管理的前提

有所思才有所为。教师只有真正树立科研兴教强园的信念,才会去研究。无论幼儿保育还是教育的研究都是与时俱进的。学前教育是动态的活动。教育思想、教育体制、教学内容、教学方式方法、教育评价等都因社会的进步要不断改进或革新,这就需要研究探索。不研究,教育这一上层建筑就会落后于发展的社会;不研究,有的教师就会落后于他人;不研究,有的幼儿园就会落后于他园,就不具有竞争力。幼儿园只有真正明了教科研的意义,明了其对兴教强

园的积极作用,树立研究意识,实实在在把研究作为解决兴教难题,改革教育方式方法的重要途径,才能认认真真进行研究,才能更好地制定出切实可行的教科研管理运行机制,做好幼儿园教科研管理工作,才能着力做到教中有研、研中有教、以研促改、以研促教,教科研才能收到实效。

五、模块与表格化的管理方式

通过一系列园本教研可实现文化的积淀,即形成属于园所的教研文化。在对教育的深度思考,对幼儿发展的深度关注的过程中,我们需要"过程型事件记录",以规范教科研的过程性管理的程序、内容和数据,不致于"做了许多事而无数据和事实证明",不致于出现随意性管理和松散性管理。

从管理的角度上来讲,详尽的表格内容填写可以帮助刚走上管理岗位的教师尽快地理清思路,胜任其管理工作。如管理人员工作日志、日常工作安排及检查记录表的使用,可以让教师根据相应内容的填写了解和思考学期、月、周、日的工作安排和事务的处理;教育教学工作检查指导记录表、一日三巡情况跟踪记录表的使用,可使教师更加规范自己每天的管理行为。在使用表格记录与填写的过程中,通过指导、交流与沟通,可以让教师发现问题并立即与其他教师互动,确立改进的目标。在不断了解自己指导后的班级或改进教育工作情况的过程中,他们不断地加强管理理论以及教科研知识的学习来提高自己的理论水平和思想素养,尤其是通过自我反思与评价,重构自己对教育教学理论与实践的基本看法。一年下来,管理表格的使用不仅使他们对幼儿园的教育教学管理以及教科研安排有了比较清晰的思路,同时还对他们积累丰富的管理工作实践经验起到了一个概括、归纳和提升的作用,幼儿园的业务管理和教科研工作逐渐细化、条理化。

六、注重科研成果的总结与推广,提升科研能力

随着信息化系统的建设与应用,互联网、云计算、云储存的发展必将极大影响教科研管理的发展。幼儿园也应有自己多样化的教科研信息资产,让数据作为一种自然成果和过程档案。让日常琐碎难以管理的大数信息和数据进行集

合,归类整理,共建、共创、共享、共用形成信息数据库,方便每位教师在教科研过程中快速获得有价值的信息与数据,为教师教科研活动提供深层次服务,有利于教科研评估、教科研资源管理分配。

幼儿教师参与教科研的真正目标是将教科研的成果应用于自己的教育实践或者将自己的研究成果进行推广,进而不断提高自己或者他人的教育实践的水平和能力。因此,进行教科研不是为了得到永恒不变的教育理论知识,而应该是从自身的教育实践出发获得适合自己发展的教育教学新思路、新理念和新方法。因此,教科研部门应为幼儿教师创设科研成果交流、共享的平台,为教师树立正确的人生观、价值观和道德观,把教科研当作其自身的内在需求,这是实现他们人生理想的重要途径,进而不断增强教师内在的教科研意识。

园长在幼儿园诸多管理中规范管理教科研是非常重要的:首先是统筹教科研管理,将园本教研工作作为实现幼儿园整体管理目标的一个重要内容。应打造精干与能协作的队伍,精选有引领能力的带头人,并给予工作组一定的空间。园长只给工作组定好工作方向,至于何时完成,由谁完成,如何完成,让工作组自主制定。如研究保育问题时,可以选派一名保育经验丰富、极具爱心的骨干教师来负责,也可以按开展教研工作的内容来选拔,如开展案例分析式教研与开展游戏体验式教研时,就可以选择擅长理论梳理和擅长活动主持等不同能力的教师来负责。带头人精干,自然就有了开展教研的扎实基础了。其次是引领教科研目标和方向并跟踪教科研过程。这种管理跟踪可以为提高实际工作质量提供素材,可以从管理的角度来帮助落实教研的成果。再次是提炼教研成果,例如提炼教学策略成果以满足不同层次的教师的实践需要,这是幼儿园一笔园本性极强的经验财富,便于教师在工作中系统理解工作的性质、目的和意义。又如提炼培训课程成果,研训一体的教研成为教师培训的重要手段,也可以成为幼儿园教师培训课程的主要部分。

大数据时代的今天,幼儿教师从事教科研活动需要依靠"大数据技术"和各类平台,让教科研活动及其管理更便捷、更灵动、更高效,让教科研真正成为幼儿教师的兴趣和"想干的活",而不是一种负担。

参考文献

[1]戚小丹.从改变教师到改善教科研——中小学教师教科研的另一种视角[J].中国教育学刊.2017(2):95-99.

[2]王翠萍,陈小峰,孙锡霞.回归儿童本源设计教学活动——以中班健康活动"牙虫快走开"教研为例[J].早期教育(教师版).2016(3):42-43.

[3]张潇月,宋武,洪瑛."一体四支撑"教研模式的实践[J].早期教育(教师版).2016(3):37.

[4]俞春晓.如何提高教师进行园本教研的积极性[J].学前教育.2015(11):18-19.

[5]姚慧.大数据时代教育科研管理的变革[J].中国教育学刊.2015(9):51-54.

[6]周玲玲.幼儿园教师学习通识性知识的价值与途径[J].学前教育研究.2015(5):67-69.

[7]王恩侠.培育园本研究文化的实践探索[J].学前教育.2014(11):58-59.

[8]甘晓娟.让"问题"促进成长[J].早期教育(教师版).2014(10):34.

[9]吴邵萍.例谈课题研究中的思考力[J].幼儿教育.2014(25):36-37.

[10]陈小艳.泸州市幼儿教师科研素养的现状及对策研究[J].泸州职业技术学院学报.2014(4):33-36,20.

[11]叶凌燕.幼儿园园本研修新探[J].早期教育(教师版).2014(6):38-39.

[12]欧阳春玲,魏惠萍.区域幼儿教师研修共同体现状调查报告[J].学前教育.2014(4):28-30.

[13]唐燕迎.审议:一种行之有效的园本教研模式——以我园"健康区域活动中的材料资源提供"教研为例[J].早期教育(教师版).2014(2):42-43.

[14]祝晓燕.园本教研"轮值制"的实践探索[J].学前教育研究.2013(12):67-69.

[15]李萍.为幼儿园教师创造有意义的学习经历[J].学前教育研究.2013(11):60-62.

[16]刘美智.幼儿园片区教研模式初探[J].学前教育研究.2013(11):63-65.

[17]王丽娟.促进幼儿园新入职教师专业发展的策略[J].学前教育研究.2013(11):66-68.

[18]冯晓霞.幼儿园教师的专业知识[J].学前教育研究.2012(10):3-12,45.

[19]曾莉,彭丰,申晓燕.幼儿园教育科研中的普遍问题与应对[J].学前教育研究.2012(4):64-66.

[20]张琼.从传统教研到园本教研[J].教育导刊,2011(10):49-52.

[21]李季湄.园本教研发展之我见[J].幼儿教育,2011(Z1).20-24.

[22]朱家雄.基于案例学习的幼儿园园本教研[J].幼儿教育,2005(17):34-35.

[23]刘胜林.幼儿教师教科研问题意识的缺失[J].学前教育.2006(7):17-19.

[24]庞雪群,朱昆,庞晓晴.论新课程改革视野中的教师科研素质[J].学术论坛.2006(2):203-205.

[25]杨宏伟.对大学生科研训练的实践与思考[J].实验技术与管理.2006(1):15-16.

[26]周志平,尹丽娟,王升,等.大学生科研能力的培养与教师专业化发展的实践探索[J].河北师范大学学报(教育科学版).2005(6):68-72.

[27]郭文英,吴红霞.浅谈幼儿园教学管理人员的专业发展与促进[J].学前教育研究.2005(11):30-32.

[28]陈向明.实践性知识:教师专业发展的知识基础[J].北京大学教育评论.2003(1):104-112.

[29]陈桂生.漫话教育研究中的"塑料花"[J].上海教育科研.2001(4):17-18.

[30]莫源秋,等.幼儿园教研活动设计与实施[M].北京:中国轻工业出版社.2014.

[31]王成刚,袁爱玲.幼儿教师如何做教科研[M].福州:福建教育出版社.2013.

[32]陈大伟.教育科研与教师成长[M].上海:华东师范大学出版社.2009.

[32]崔财艳.河南省幼儿教师继续教育的需求研究[D].郑州:河南大学.2013.

[33]庄薇.幼儿园骨干教师专业发展有效支持策略的研究[D].北京:首都师范大学.2012.

[34]郭静静.幼儿教师教育科学研究能力形成的关键事件研究[D].重庆:西南大学.2008.

[35]张晓辉.幼儿教师教育科研素养状况及其发展研究[D].长沙:湖南师范大学.2007.